英語教員研修プログラム対応

「英語授業力」強化マニュアル

A Manual for Improving
the Teaching Ability
of English Teachers

岡 秀夫・赤池 秀代・酒井 志延 [著]
Oka Hideo / Akaike Hideyo / Sakai Shien

The Teaching Ability

大修館書店

は じ め に

　「英語が使える日本人」の育成のための戦略構想に基づいて，中学・高校の全英語教員対象に2003年から指導力向上のための研修が実施されています。
　この本は，
　　研修前にあらかじめ学んでおきたい人のために
　　研修のアイディアを深く理解したい人のために
　　研修の成果をいつまでも保持したい人のために
つまり，「研修の壁」を乗り越えたいと思っているあなたのために書かれた本です。
　なぜでしょうか。この本は，新しい英語教育理論と日本の学校で行われてきた教育実践を融合したものです。この本は，これまでの日本の英語教育の問題点を理論的に分析し，どのように改善すればいいのかを実践的に示そうとしています。従来の英語教育に内在する問題点は，次のような二分法に表れています。つまり，「理論 vs 実践」および「教養 vs 実用」で表される対立です。それぞれの図式の中でふたつの要素は相反するものとしてとらえられてきましたが，本書ではそれらは互いに補完しあうべきものであることを論じ，その可能性を示しています。前者の「理論と実践」については，問題点を理論的に分析しながら具体的な実践への提案をすることにより，また，後者の「教養と実用」については，内容ある（つまり教養）コミュニケーション（読み書きも含めた実用的な技能を通して）を目ざすことにより可能となりましょう。
　そのために，本書は，英語の先生方が「授業力」を伸ばすために，読ん

でいただく最適の本になったといえます。研修プログラムにおいて，テキストとして使っていただいてもかまいませんし，または参考書として読んでいただいても十分お役に立てると思います。

　また，本書でとくに配慮した点は，特別な先生でなければできない名人芸ではなく，広く使っていただけるような活動をあげました。ここにあげたのは，無数にある例のほんのひとにぎりにしかすぎません。それゆえ，本書の理論と実践をもとにそれぞれの教室に応用し，生徒と自分に合うものを工夫するのは現場の先生の役目になります。それを通して，受験英語をやらないと入試に通らないという俗説を打ち破り，国際的に通用するような勉強をやっていれば通るのだ，いや，そうでないと最近の入試問題やTOEFLのような国際的なテストには対処できないのだ，という新しい意識が広がってくれれば幸いです。本書がきちんと理論にもとづきながら，かつ日本の地に根ざした実践に裏打ちされたものとして広く先生方の支持を得て，21世紀の英語教育へ夢を伝えることができ，それを実現させる礎となれば幸いと考えます。

　末筆ながら，本書の発案段階から出版までお世話になった大修館書店編集第2部の須藤彰也氏に心よりお礼申し上げます。

2004年6月

岡秀夫・赤池秀代・酒井志延

CONTENTS

● はじめに　iii

PART ONE　*Teaching Basic Skills*　言語要素の指導　3

Chapter 1　*Grammar*　文法　5

1. 文法とは？ ── 6
2. 文法指導の原則 ── 8
    - (1) 基本の徹底　8
    - (2) 文法の機能面　10
    - *Topics for Discussion*　11
3. 文法指導の実際 ── 11
    - (1) 導入編　13
    - (2) 練習編　15
    - (3) 誤りの訂正　15
4. 中・高の連携：5 文型指導の観点から ── 18
    - (1) 文型を指導する意味　18
    - (2) 文型の指導に入る前に理解しておく事項　19
        - ①名詞，動詞，形容詞についての必要な理解　19
        - ②格と語順の理解　20

(3) 基本の指導　21
　　①第 1 文型の指導　21
　　②第 2 文型の指導　23
　　③第 3 文型の指導　24
(4) 発展の指導　28
　　①第 4 文型の指導　28
　　②第 5 文型の指導　28
Topics for Discussion　30

Chapter 2　*Pronunciation*　発音 ———— 33

1. 「発音」セッションの目的と目標 ———— 34
(1) 目標とするレベル　35
(2) カバーすべき領域　35

2. 単音 ———— 36
(1) 指導の第 1 段階：導入と気づき　37
(2) 指導の第 2 段階：図示/実演と聴解練習　38
(3) 指導の第 3 段階：産出練習　39
(4) 説明と練習の例　40
　　①母音　40
　　②子音　41
　　③子音の連続　42

Topics for Discussion　42

3. 音声変化 ———— 43
(1) 連結　44
(2) 同化　44
(3) 脱落　44
(4) 弱化　45

4. プロソディー ———— 46
(1) 文強勢　47
(2) リズム　48
(3) イントネーション　49

Topics for Discussion 50

Chapter 3　*Vocabulary* 語彙 —————— 51

1. 語彙研究から ———————————————————— 52
 (1) 語彙指導の重要性　52
 (2) 基本語彙の選定　52
 (3) 内容語と機能語　54
 (4) 受容語彙と発表語彙　54
 (5) 検索と評価の練習　55
 (6) 偶発的学習と意図的学習　55
 Topics for Discussion 56

2. 語彙習得プロセスと指導例 ———————————— 56
 (1) 新しい単語の形と意味を認識する段階　56
 (2) 文脈の中で単語の意味を理解させる段階　60
 (3) 一時的に記憶した語を受動的活動で使う段階　63
 (4) 自己表現活動で使う段階　64
 Topics for Discussion 66

PART TWO　*Developing Four Skills* 4技能別指導 —— 67

Chapter 4　*Oral Communication* オーラル・コミュニケーション —— 69

1. はじめに ———————————————————— 70
2. リスニング ——————————————————— 72
 (1) リスニングとは　72
 (2) リスニングの授業　73

(3) リスニングの問題形式　75
　　①タスクとして　75
　　②ディクテーション　75
(4) リスニング活動の前後　78
　　①プレ・リスニング　79
　　②ポスト・リスニング　79
Topics for Discussion　81

3．スピーキング ──────── 81
(1) スピーキングの新しい視点　83
　　①正確さと適切さ　83
　　②文法的な結束性と意味的なつながり　84
　　③談話能力　84
(2) スピーキングの授業　86
　　①文法習得のための置き換え練習　87
　　②対話を使った部分的置き換え練習　88
　　③タスク　89
　　④英問英答　92
(3) スピーキングの評価　94
Topics for Discussion　95

Chapter 5　Reading　リーディング ──── 97

1．リーディングとは？ ──────── 98
2．リーディング技能を考える ──────── 99
(1) 英語の語順そのままで意味をとる　99
(2) 類推・スキーマの活用　100
(3) 教室での指導　100
Topics for Discussion　102

3．リーディングの教室指導 ──────── 102
(1) リーディング指導の全体的な流れ　102
(2) プレ・リーディング　105
(3) リーディングのプロセス　105

　　　　①未知語の類推　106
　　　　②整合性のチェック　108
　　(4) リーディングのプロダクト　110
　　(5) ポスト・リーディング　117
　　Topics for Discussion　117

Chapter 6　*Writing* ライティング ——— 119

1. 日本の学校におけるライティング ——— 120
2. 初級レベル（中1〜2）のライティングの例 ——— 121
3. 中級レベル（中2〜高1）のライティングの例 ——— 124
　　英借文を教える　124
　　Topics for Discussion　125
4. 高校上級レベルにおけるライティング ——— 126
　　(1) 自由英作文の指導について　126
　　(2) 長い英作文をさせる理由　127
　　(3) 長い英作文の評価　127
　　　　①日本人教師一人で，生徒数が多い場合　128
　　　　②ALTとのティーム・ティーチングで評価する場合　129
5. エラーについて ——— 130
　　(1) 英語指導とエラー　130
　　(2) エラーの種類と訂正　131
　　(3) 総合的な誤りと局所的な誤りを使っての評価　132
　　Topics for Discussion　133

PART THREE *Teaching Integrated Skills*
統合的な指導 ———————————— 135

Chapter 7 *Integrated English Class*
総合英語の展開 ———————————— 137

1. 4技能を関連させて ———————————— 138
   - (1) 中学校の場合 139
   - (2) 高校の場合 140
2. 総合英語の展開例 ———————————— 143
   - (1) 中学1年：異文化理解の指導 143
   - (2) 中学における課題 146
   - (3) 中学3年：リーディングを深める試み 148
3. 高校での総合英語の展開例 ———————————— 151
   - (1) 英語Ⅰ：生き生きとした指導 151
   - (2) 英語Ⅱ：4技能を関連させた指導 154

Chapter 8 *Beyond Subject's Boundary*
科目の枠をこえて ———————————— 159

1. 「オーラル・コミュニケーション」での工夫：
   リーディングへの発展 ———————————— 160
2. 「リーディング」での工夫：4技能を関連させた指導 ———————————— 164
3. 「ライティング」での工夫：オーラルの要素を ———————————— 168
4. 「英語Ⅰ」での工夫：内容中心のリスニング・スピーキングへ
   ———————————— 171

Chapter 9 *Dr. Oka's Clinic* 岡先生の授業クリニック —— 177

1. 中2：もっとスピーキングの活動を —— 178
2. 中3：もっと発展的な活動を —— 183
3. 高1：訳読を脱却して —— 187

PART FOUR *Presentation/Evaluation* 発展的指導/評価 —— 193

Chapter 10 *Speech, Presentation* プリゼンテーションの指導 —— 195

1. あるスピーチの授業 —— 196
2. 気楽に始めるプリゼンテーション指導 —— 198
3. オーラル・インタープリテーション：音読指導 —— 198
4. 中学1年のプリゼンテーション：感情を込めて生き生きと —— 200
5. 中学3年のプリゼンテーション：Show & Tell —— 203
6. 高校2年のプリゼンテーション：テキストの内容について —— 206
7. 本格的なスピーチの指導 —— 209

Chapter 11 *Motivation* 動機づけ —— 217

1. 日本の学習者と動機づけ —— 218
2. 動機づけQ&A：学習意欲を失いそうな者に対処するには —— 219
3. 動機づけQ&A：学習意欲を取り戻すには —— 224
4. 動機づけQ&A：学習意欲をさらに高めるには —— 229

Topics for Discussion 234

5．生徒の学習傾向のちがい ―――――――――――― 234

Chapter 12 *Evaluation* 評価 ――――――― 237

1．能力を測定することについて ―――――――――― 239
2．テストについて ――――――――――――――― 240
 (1) テストの種類　240
 (2) テストの抱える問題　240
 (3) 高校のテスト問題例　241
3．すぐれたテストの要件 ――――――――――――― 246
 (1) 妥当性　246
 (2) 信頼性　247
 (3) 実用性　247
 (4) 識別性　247
 Topics for Discussion　248
4．コミュニケーション能力の評価 ――――――――― 250
 (1) ペアワークでのテスト　251
 (2) 絵を使ったテスト　252
 (3) 授業内での評価　254
5．絶対評価 ――――――――――――――――― 254
 (1) 目標　255
 (2) 2つの「きじゅん」　255
 (3) 中学校と高校での生徒指導要録が求める評価内容　256
6．観点別評価 ―――――――――――――――― 257
7．習熟度別クラスの評価 ――――――――――――― 260
 Topics for Discussion　261

● これからの英語教育に向けて　263
● 索　引　271

〈英語教員研修プログラム対応〉
「英語授業力」強化マニュアル

PART ONE

Teaching Basic Skills

言語要素の指導

Chapter 1 *Grammar*
文法

1. 文法とは？
2. 文法指導の原則
   (1) 基本の徹底
   (2) 文法の機能面
   Topics for Discussion
3. 文法指導の実際
   (1) 導入編
   (2) 練習編
   (3) 誤りの訂正
4. 中・高の連携：5文型指導の観点から
   (1) 文型を指導する意味
   (2) 5文型の指導に入る前に理解しておく事項
      ① 名詞，動詞，形容詞についての必要な理解
      ② 格と語順の理解
   (3) 基本の指導
      ① 第1文型の指導
      ② 第2文型の指導
      ③ 第3文型の指導
   (4) 発展の指導
      ① 第4文型の指導
      ② 第5文型の指導
   Topics for Discussion

1. 文法とは?

　確か中学校に入って，初めて国文法を習ったと記憶しています。ちゃんと使えるのになぜ複雑な「5段活用」とか複雑なルールを学習しなければならないのか，そのときは十分に解せませんでした。それと同じ時期に，初めて習った英語では，日本語とまったく違う文法体系に悩まされました。その当時のいわゆる文法訳読法においては，規則を学ぶこと自体が知的鍛練と考えられ，話せるようになることはさしあたっての目的ではありませんでした。その後，構造主義言語学と行動主義心理学の影響で，反復やドリルを通しての習慣形成が重視されるようになり，その流れで，1960年代からオーディオリンガル法（audiolingual method）などが生まれました。

　チョムスキー革命は外国語教育においてはそれほど大きな変革をもたらすには至りませんでした。確かに，言語習得に関する理解は深まりましたが，だからといって，母語では可能であっても外国語の場合には，認知的理解だけで使えるようにはなりません。そのため，competence-performance の二分法をのりこえて，つまり文法規則を知っていることとそれを実践的コミュニケーションで使えることとのギャップを説明するのに，「伝達能力」（communicative competence）という新しい概念が導入されました。その流れから，最近ではことばの社会的機能や伝達能力が重視されるようになり，コミュニカティブな教え方が主流になってきました。

　Krashen のインプット理論では，'i+1'で表されるような，学習者の現在の力（それを 'i' と呼ぶ）を少しこえたレベルのインプットを多量に浴びせることが言語習得につながると提唱します。ところが，その 'i' が何をさすのか不明確であるばかりか，日本のようなインプットが乏しい環境では，なかなかそうはいきません。まわりで英語が使われているような第二言語の環境（ESL）ではなく，日本は「外国語としての英語」，つまりEFL (English as a Foreign Language) だからです。しかも，12歳を過ぎた生徒を対象にしますから，言語習得でいえば，臨界期（critical period）を過ぎているわけです。それなのに，小さな子どもが母語を獲得するのと

同じ方法では，無駄が多くてうまくいかないでしょう。せっかく生徒がもっている認知的な知識を利用しないのはもったいないですし，また，母語によって引き起こされる干渉に対しては予防線をはっておく必要があるでしょう。

　最近のコミュニカティブ重視の結果，生徒の発音はよくなってきましたが，今度はちゃんとした文が作れなくなったといわれます。その背景には，指導要領から「文法」が消えたことがあるといわれ，OCの授業が"OCG"になっているケースも少なくないようです。世界の英語教授法の潮流からいっても，コミュニカティブに行き過ぎた振り子は，文法の再評価という形で揺り戻しが起こってきています。しかし，昔と違うのは，いわゆる文法のとらえ方において，文法という規則の学習だけから，実際のコミュニケーションを考慮して，ことばがどのように使われるのかに注意を払い，また，伝達能力につながるような使える文法力という面に配慮するようになってきました。いわゆる communicative grammar です。

　しかし，communicative grammar といっても，特別な文法があるわけではありません。文法とは，もともと文を作る決まりのことです。その決まりを論ずるときに，ルール化して規則として論じるために，どうしても文脈などの外的な要因を捨象して一般化しなければなりません。その結果，そこでは落ちてしまうものがありました。英語教育においては，その部分のコミュニケーションにおける働きを重視し，社会的な機能（いわゆる「ファンクション」）に注目します。たとえば，Can you pass me the salt? の can は能力・可能性を表す助動詞だからといって，Yes, I can. といって知らない顔をしていたのでは，人間関係はうまくいきません。それよりも，Here you are. といって塩を渡してあげることが期待されます。つまり，依頼の発話なのです。ですからそれに対応して，能力を陳述するのではなく，依頼を受け入れる（または受け入れない）というような応答が求められます。また，仮定法と呼ばれる文法的な範疇も，Would you like to〜? というような発話では，仮定的な意味合いを持たせて間接的に表現することによって，ていねいさを表すわけです。日本語でも，「〜してください」と直接的に表現するよりも，「（ひょっとしたら）〜していただけ

ないでしょうか」と婉曲に表す方がよりていねいになるのと同じです。

　仮定法に関連して興味深い点は，日本では一番難しい文法項目として高校でも最後にまわされますが，イギリスやアメリカの子どもの言語習得では，3，4歳ですでに登場します。いわゆる「ごっこ遊び」をするには不可欠な表現だからです。"I wish I was a princess." なんて言って遊んでいるのです。

2．文法指導の原則

　母語であろうが第二言語であろうが，小さな子どもが自然に英語に接するときには，その環境に任せておけば，豊富なインプットから徐々に無意識な形でルールが構築されていきます。興味深いのは，英語を母語とする子どもでも，その道のりは必ずしも平たんではないという事実です。たとえば，go の過去形において一旦は "goed" というような誤った形を発し，しばらくたって大人の文法に到達するという点です。これは，圧倒的に数の上で多い規則動詞に接し，子どもながらに推論して誤って一般化してしまった結果なのです。ところが，ネイティブの子どもと違い，母語が確立した後12才以降に英語に接する場合，さらに，日本の教室のように英語に接する時間が限られている場合，それは明らかに外国語としての英語です。ですから，当然なことながら，小さな子どもが母語を獲得するような自然な方法では難しいし，かえってそれでは効率も悪くなります。そこで求められるのは，習得（learning）と獲得（acquisition）を融合させるような指導になります。効率良くルールを与えながら，それと同時に，理解したことをもとに使えるように習慣化すべく，たくさんの練習を与えることがカギになるでしょう。

(1) 基本の徹底

　まず，中学校できちんと押さえたいのは，語順のルールです。日本語では助詞が格を表す働きをするので，語順は比較的ルーズですが，英語は厳格です。そのことをまとめたのが，いわゆる「基本5文型」です。この概

念を把握するのに，とくに補語の働きがピンとこない生徒がいたり，目的語がふたつくる構文で混乱する生徒がいますから，具体的な例文で定着させたいものです。(⇨くわしくは第4節「中・高の連携」p.18 を参照のこと)

次に障害になるのが，代動詞の do の働きです。ただルールを説明するだけでなく，多くの練習やインプットを与えることが大切でしょう。転換 (conversion) 練習によって，平叙文を疑問文に変える練習をドリル的にやらせたり，また先生が教室で英語を使うような環境であれば，自然にその中に Do you〜? とかはたくさん出てくるはずです。まだ習っていないから使ってはいけないと考えずに，文脈から生徒たちもわかることが多いものです。

現在完了形は，過去との対比において，意味合いの違いを実感させるような例示をしないといけません。日本語に訳してしまうと，同じようになってしまいますから。たとえば，I went to America last summer, but I have not been to England. というような例文で，2つの時制の概念的な違いを納得させることができましょう。もちろん，黒板に時間の流れを線で表し，現在との関係が違うことによって説明することもできます。たとえば，生徒が苦手とする 'know' という状態動詞を使って時制を表すと，次のようになります。

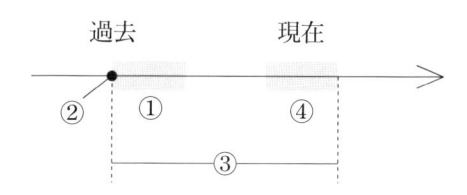

① I knew him.
② I got to know him.
③ I have known him.
④ I know him.

受け身に関しては，話し手の視点ということを重視したいものです。どこに焦点があたっているかによって主語が違ってきて，Soseki wrote.... か *Bocchan* was written.... というふうに態が変わってきます。これは旧情

報，新情報という対立によって説明することもできます。つまり，新情報がフォーカスされて，主語の位置に来るのです。

(2) 文法の機能面

　前述のように，仮定法は日本の文法書では一番難しいものの1つとして扱われますが，実践的コミュニケーションでは「依頼」のための必須の表現法です。(please をつけるだけでは，ていねいさが足りませんから。) ルールよりも先に，依頼表現のかたまりとして覚えさせ，使えるようにしたいものです。

　文法項目を導入するときは，それがもつ機能的な側面を意識しておかないと，使い間違えたりします。たとえば，分詞構文や強調構文などは，文体として固いので主に書き言葉で使われます。口語的には，次のように言い換えられるでしょう。

> Being tired, I went to bed early.　⇨　I was so tired I went to bed early./I went to bed early because I was tired.
> It was John who broke the window.　⇨　JOHN broke the window.
> (JOHN に強勢をおいて)

　また，文体といえば，科学的な論文で受動態が使われることが多いのは，I を主語にして主観的に述べるのではなく，それによって客観的な記述になるからです。たとえば，I conducted an experiment. よりも An experiment was conducted. と表すことによって，誰が実験しても同じなのだと言いたいわけです。

　コミュニケーションにおいては，発話のもつ文法をこえた間接的な意味合い（含意，ニュアンス）に注意を払わなければいけません。文法では説明のつかないことが多いですから。Will は基本的には未来を表す助動詞ですが，Will you～?は依頼となり，You will apologize to him immediately.は命令になります。また，閉め切った部屋で相手が It's hot in here. といったら，「ああ，窓を開けてほしいのだな」とその意図を推測することが期待されます。さらに，You should have called. と言われたら，「な

ぜ電話しなかったのだ」という前提があるので，電話しなかったことをあやまった方がいいでしょう。

　また，発想の違う表現などは，文法通りにそのまま直訳しても英語にはなりません。否定疑問に対する答え方は，日本語と逆になるので注意しないといけません。Didn't you take the test？と聞かれて，「いや，受けましたよ」と日本語を介して英語に直すと間違えるもとになります。日本語では，「いや，（あなたのおっしゃることは違います。受けなかったのではなく）受けました。」と発想しますが，英語では，命題に関して肯定ならば（つまり I took the test. だから）Yes. になります。また，「びっくりした」というような表現は，英語では「びっくりさせられた」というように受け身の形で表します。このような場合，「びっくりする＝be surprised」というふうに，ひと固まりの表現としておぼえる必要があるでしょう。同じことは，exciting の使い方にもいえ，I am excited. と The movie was exciting. の違いに混乱する生徒が少なくありません。

Topics for Discussion

(1) 特定の文法事項をひとつ取り上げ（たとえば上であげた現在完了，受け身，仮定法），その指導法を具体的に示してみましょう。

(2) 生徒がまちがえやすい文法事項を上げ，その困難点を分析し，教室での対処法を考えてみましょう。

(3) 文法とコミュニケーションのバランスについて議論してみましょう。

---

3. 文法指導の実際

　文法の指導において大切なことは，ただルールを理解させるだけでなく，どのようにしてそれを使えるところまでもっていくかということです。文法の知識をもとに，スピーキングではスピードをもって文が作れないといけませんし，リーディングでは文構造の理解にもとづいて，意味内

容を素早くかつ正確にとることが目的となります。文法はそのための手段になります。それほどルールを意識しなくても，読解のためとか文産出のために活用できる段階にまで自動化しておかねばなりません。

　そのためには，まず導入の段階で，たとえば絵図を利用しながら生き生きとした場面の中で，現実的な例文で提示することが大切です。そうすると，生徒が現実感をもって接することができます。つぎに，たっぷりとインプットを浴びせかけて帰納的にルールを導き出させることもできますが，時間的にも限られたふつうの教室では，演繹的な説明を与えてしまい，認知的な理解にもとづいて十分な練習を与える方が効果的になるでしょう。意識的に学習した文法規則を，生徒が無意識的に使えるところまでもっていくためには，練習が徐々に発展していくよう段階的に配列しなければいけません。機械的な学習活動から，内容中心の言語活動に発展するように構成するのです。具体的には反復練習から文型練習へ，さらに応用練習，コミュニカティブな活動へと発展させるのです。

　少し古いですが，いまだに示唆に富むTwaddellの言語学習の5段階を紹介します。それは，「識別・理解 (recognition) →模倣 (imitation) →反復 (repetition) →変換 (variation) →選択 (selection)」というふうに段階的に配列されています。ただ繰り返すだけの機械的な段階から，自動化のための練習を経て，選択的な活動へ発展していることがわかります。文型練習 (pattern practice) により自動化をめざしても，その後に自動化された文型を使って自分の言いたい内容を表現するというようなレベルがなければ，使えるようにはなりません。それが「選択」のレベルにあたり，この段階では文法を練習させるというよりも，活動は内容中心で，それに合う構造が選択されるのです。最近のコミュニカティブな指導法では，「タスク」(task) が広く活用されています。これは，特定の目的を達成するために行う活動や課題や作業をさし，その目的を達成するために，相互交流や意味の交渉を行うものです。このような形で，文法を意識せずに使えるようになったときが本物でしょう。

　それでは，ここで文法指導の実際について，(1) 導入，(2) 練習，(3) 誤りの訂正，3つの面について具体的に検討してみたいと思います。(「中・

高の連携」については次節)

(1) 導入編
　まず，導入のしかたについては，「受動態の導入」を例にとってみましょう。

受動態の導入

I like English.　⇔　English is liked by me.
というように，機械的に能動態と受動態を書き換えることが授業では多いのですが，これでは受動態の本来の意味がいつまでもわかりません。「両者は同じものであり，どちらを使ってもいい」という誤解を招きかねません。能動態ですむ場合は，能動態をつかうことが普通であり，受動態を使う場合はきちんとした理由があることを説明する必要があります。

理由1　自然な英語の流れ（文の主語の統一，旧情報から新情報へ）
　まず，能動態と受動態の使われ方を見てみましょう。
　A　Mr. Suzuki is an English teacher. Yesterday he saw Keiko sleeping during his class. (a) He scolded her.
　B　Keiko is a student in Mr. Suzuki's class. Yesterday she was sleeping during his class. (b) She was scolded by him.

　Aの文はMr. Suzukiに焦点をあてたものであり，最後の(a)の文もheを主語にするのが自然であるのに対し，Bの中心はKeikoで，最後の(b)もSheを主語にしたものがふさわしいのです。
　このことは，「旧情報」→「新情報」というルールからも説明できます。つまり，(a)の文において，heはすでに以前に与えられた情報（旧情報）であり，「その人がどうした」という点に話し手（書き手）の意識は移っています。それで，heが最初に出て，scolded herがあとにきます。それに対して(b)の文ではshe (Keiko)が旧情報であるため文頭

に置かれ，「その生徒がどうなった」という点が新情報になるので後に置かれるのです。

理由2　「だれがやったか」は不必要か不明
Generally speaking, English and French are spoken in Canada.
This book is sold out.
He was killed in that war.
That temple was built 1,000 years ago.
He is called Johnny.
Typewriters are not used any more.
My bag was stolen.

これらの文に対応する能動態の文を考えると，主語を何にしたらよいか迷い，結局 People とか They, We, Somebody などあいまいなものをもってくるしかなくなります。これらの場合は，受動態の方がはるかにすっきりします。

理由3　頭でっかちの文を避けるため
 a. The news that he is coming back tomorrow will surprise her.
 a′ She will be surprised at the news that he is coming back tomorrow.
 b. A foreigner who seemed to be lost in the middle of Ginza spoke to me.
 b′ I was spoken to by a foreigner who seemed to be lost in the middle of Ginza.

a, b の文は，英語として不自然です。それは能動態，受動態の区別以前の問題であり，それぞれ a′, b′ の方がはるかにすっきりします。

(2) 練習編

   進行形を使った活動

①生徒をペアにする。
②下のカード（15枚）を各ペアに渡す。
③生徒は，問題を出す側(A)とカードをとる側(B)を決める。
④Aの生徒が言った進行形の文に当てはまるカードを，Bの生徒がとる。

   例　No. 1　This boy is playing tennis.
　　　No.11　This boy is listening to music.
　　　No.13　This boy is helping his mother.

(New Crown 1　付属資料（三省堂))

(3) 誤りの訂正

　構造言語学では，外国語学習において難しいのは母語と目標言語が異なるところであるとし，学習者の誤りはすべて対照分析（contrastive analysis）にもとづいて予知できると考えました。いわゆる母語からの干渉

(interference) です。日本人学習者の場合の発音における [r] と [l] の誤りがいい例です。文法では，語順の問題，単数・複数の数の概念，冠詞の使い方など，問題となる領域は非常にたくさんあります。ところが，生徒の誤りを分析してみると，必ずしも日本語からの干渉だけでは説明がつかないものもあることに気づきます。たとえば，The teacher suggested me to〜．という英語が出てきたとき，その原因は対照分析では説明ができません。この誤りは，学習者が tell/ask 〜 to ... というような事例にたくさん接し，推論により一般化した結果，suggest 〜 to ... が生み出されてきたのです。ところが，残念ながら suggest の用法はそうではありません。学習者が積極的にルールを構築しようと努力した結果，過剰一般化してしまったのです。このような誤りのとらえ方は，それまでの対照分析から誤答分析（error analysis）と呼ばれます。大切な点は，この立場にたちますと，誤りは避けるべきものというよりも，学習者の積極的な文法構築の努力を映し出すものととらえられます。

　最近のコミュニケーションを重視した指導では，あまり文法を扱いません。そのため，文法的な誤りにもあまり注意を向けない傾向があります。しかし，誤りも内容にかかわるようになると，問題が深刻になってきます。正しく理解し，伝えるためには，やはり文法の知識が基本になります。文法を知らないと丸暗記した文以外に新しいものを作り出すことができません。この点は，最近のコミュニカティブへの行き過ぎの反省点です。が，それと同時に大切なことは，文法を知っていることが必ずしも使えることにはならないということも，私たち教師はきちんと認識しておかねばなりません。このような両面に留意して，教室での文法指導をうまく組み立てたいものです。

　生徒は英語学習の中でさまざまな誤りをします。日本語からの干渉により，数が単数か複数かはっきりしません。また，be 動詞と一般動詞の混用もよくあります。ここでは中1の初めに日本中の教室でよく見られる I am play tennis. のような誤りにどのように対処したらいいのか，検討してみましょう。

be 動詞と一般動詞の混用を避けるために

〈目的〉　　　　be 動詞と一般動詞の使い分けを習得させる
〈生徒の学習段階〉be 動詞と一般動詞 4, 5 個学んだが, 3 人称単数形は未習。従って, She, He などを主語にして文はできない。
〈用意するもの〉　8 枚のカード　　カードを黒板に貼り付けるもの

I ＿＿＿ a student.	I ＿＿＿ my friends.
You ＿＿＿ a girl.	You ＿＿＿ a brother.
We ＿＿＿ 15.	We ＿＿＿ soccer.
This ＿＿＿ a desk.	They ＿＿＿ games.

〈指導手順〉

| am | like | is | have | are | play |

| ＝　イコール | ≠　イコールでない |

1) 黒板の一番上に, am, like, is, have, are, play の動詞を書く。その下を左右 2 つにわける。左に＝（イコールの記号），右に≠（イコールでない記号）を大きく書く。
2) 教師がカードを示し，生徒は空所に 6 つの動詞のうち適切なものを選んで入れ，全文を読む。答えを 1 つに絞るため，教師は日本語を与える。
　　たとえば，I ＿＿＿ a student. を示しながら，「私は生徒です」と言う。
3) 生徒が "I am a student." と答えたら, "That's right. Repeat after me. I am a student." と指示する。
4) 生徒が繰り返したら，意味を考えたとき，I＝a student が成り立つか考えさせる。入ることを確認したあと，黒板の左半分にカードをはる。

5) $\boxed{=}$ の下　　I am a student.　　　You are a girl.
　　　　　　　　　　We are 15.　　　　　This is a desk.
　　$\boxed{\neq}$ の下　　I like my friends.　　You have a brother.
　　　　　　　　　　We play soccer.　　　They like games.
6) be動詞の役割を確認する。

4. 中・高の連携：5文型指導の観点から

　文型の指導は，昔から多くの教員によって支持されてきました。しかし，一方では，5文型指導について反対する人も少なからず存在します。英語を母語とする子供は，意識的に学ばなくても5文型を習得します。しかし，英語に触れる機会が圧倒的に少ない日本の学校で学ぶ生徒は，5文型を規則として教えられ，理解し，練習を通して習得することが英語を表出するための早道です。それだからといって，5文型を学習の早い段階から規則をもって教え込もうとしても，習得できるのは一部の学習者です。英語に苦手意識を持つ学習者も生みかねません。その結果，「5文型の指導は不要だ」とか「文型指導は英語嫌いを作るもとだ」という意見がだされかねません。それで，ここでは，中学3年生か高校1年生に文法のまとめとして文型を教える場合，どのような指導が有効なのかを提案します。この項では，文法用語の使用を最小限にしました。文法用語を多用すると，学習者に抽象的な文法用語を理解するという負担を与えかねないからです。

(1) 文型を指導する意味

　まず，中学3年生か高校1年で，5文型を生徒に理解させるということは，何を意味するのか考えてみましょう。過去の学習参考書を分析してみますと，中学3年生か高校1年の段階で，第1文型，第2文型，第3文型の学習を通して，基礎文法事項を統合的に理解させることであると考えられます。この文法事項とは，他にもあるかもしれませんが，とりあえず，

次に示した6項目はあげられます。もちろん，時制や助動詞がないことに注目される先生もいらっしゃるでしょう。ここでは，文を組み立てるために最低限必要なものという観点で絞りました。

1) 名詞，動詞，形容詞，副詞，前置詞についての理解。
2) 格と語順の理解。
3) be動詞と一般動詞の区別。
4) 自動詞と他動詞の区別。
5) 目的語と補語の理解。
6) 疑問詞の文を作る時に疑問詞が文頭に移動することへの理解。

つまり，この6項目が，習得できていないと，でたらめな英語を書いたり，発話したりすることになりがちです。そして，第4文型と第5文型を理解することは，高い段階での英語の理解及び表現を可能にすることであると考えられます。したがって，ここでは，文型指導に入る前に理解しておく事項，基本（第1文型，第2文型，第3文型）の指導，発展（第4文型，第5文型）の指導の3つ段階に分けて説明します。そして，この稿では基礎基本の徹底が重要という考えから，5文型指導に入る前の指導と基本の文型指導をより手厚く説明します。

(2) 5文型の指導に入る前に理解しておく事項
① 名詞，動詞，形容詞についての必要な理解
　5文型の学習はここから始めます。
　名詞の教え方：教室にあるものを指しながら，desk, chair などが名詞であることを理解させ，次に教室にないけど，生徒が知っている car, mountain など，そして water, rain, air, sugar 等の物質名詞について教えます。最後に，見えない抽象名詞 dream, peace なども名詞であることを理解させます。
　動詞の教え方：実際に教室で軽く走ったり，飛び跳ねたりして，run や jump など動作を表す言葉が動詞であることを教えます。次に，know, dislike など状態を表す言葉も動詞であること教えます。

形容詞の教え方：それらが理解できると，名詞を修飾する言葉が形容詞であると教えます。beautifulという言葉がbeautiful skyという用法とThe sky is beautiful.という２つの用法があることを教えます。

② 格と語順の理解

　中学１年生で，人称代名詞の格変化を学びます。その時に，I, my, me, mine…を暗記します。しかし，暗記に終わっていて，暗記はできるけど，格の概念がきちんと理解できていない生徒は少なからず存在します。その原因の一つに，日本語が「私は，私が，私の，私を，私に」という助詞によって格が決定される言語であることがあります。つまり，格をきちんと理解できていない生徒は，「英語は語順と前置詞によって格が決定する」ことが理解できていないのです。このことを理解させるために次のように指導します。まず，黒板に「私」という字を書きます。そして生徒に向かって，「英語には，私という言葉に該当する語はない」と言います。黒板の「私」という字の下に「は，が，の，を，に，の，もの」と書きます。そして，「英語にあるのは，このように「私は」，「私が」，「私の」，「私を」，「私に」，「私のもの」である」と言います。「それを英語では，I, my, me, mine, you, your, you, yoursなどという。人称代名詞は，主語や目的語になった場合，語形が変わるが，名詞の場合には，主語や目的語になる場合語形が変化しない。だから，英語では，名詞はすべて，語順と前置詞によって，主語，目的語そして補語になる」と付け加えます。そして以下のように，板書します。

```
ヘレンは　トムを　愛している　　　　トムを　愛している　ヘレンは
（主語）　（目的語）　　　　　　　　（目的語）　　　　　（主語）
Helen loves Tom.　　　　　　　　　Tom loves Helen.
（主語）　　（目的語）　　　　　　　（主語）　　（目的語）
　　日本語は助詞が主語や目的語を決定する言語
　　英語は語順と前置詞が主語や目的語の決定を大きく左右する言語
```

「日本語は，助詞が主語や目的語を決定するので，板書してある文からわかるように語順を入れ替えても，意味に大きな変化はないが，英語は語順が主語や目的語を決定するので，語順を入れ替えると意味に大きな違いが出る。名詞が文頭に来る場合は主語，動詞や前置詞の後ろに来る場合は，目的語や補語になる。このことはよく覚えておこう」と説明します。

(3) 基本の指導
① 第1文型の指導：副詞や前置詞句の説明とbe動詞と一般動詞の区別

　主語と動詞の概念を理解している学習者は，単語の意味がわかればI jog.の意味はわかります。SVの意味がわかったら，第1文型の指導は終わりでは困ります。ある意味でここから始まります。そこで，その文を利用して，副詞と前置詞句について教えます。まず，教室の前の方でゆっくり走りましょう。そして，I jogged slowly.と黒板に書きます。そして，生徒が知っている副詞をつけていきましょう。少しテンポよく走ります。板書してあるslowlyをspeedilyに変えます。そして気取った様子で走ります。板書はbeautifullyに変えます。つぎに，違う文で練習します。おおきくゆったりと泳ぐ様子をします。I swim slowly every day.手をばたばたさせて速く様子を表します。I swim fast every Sunday.これだけの説明で，副詞が動詞を修飾するということを理解させられます。slowly, speedily, beautifullyが副詞であり，副詞は動詞を修飾することを説明します。every dayやevery Sundayは，2語なので副詞句というと説明します。意味を持った2語以上の集まりは句と言うと付け加えます。

　次に，前置詞句の説明です。軽くジャンプします。I jumped.と書いて，次に，in the classroomを付け加えます。次に，窓のそばに行ってジャンプします。near the windowと書いて，in the classroomやnear the windowは，2語なので前置詞句と言うと説明します。つぎに，I go to school every day.と書いて，to schoolは前置詞句でevery dayは副詞句であると付け加えます。生徒を指名して答えさせても構いません。これで前置詞句について理解はさせられます。しかし，理解だけでアウトプットがないと生徒はすぐ忘れてしまいます。きちんと習得させるためにはアウ

トプットが必要です。英語が苦手な学習者は，ほとんどと言っていいほど，この前置詞句が習得できていません。ただ，前置詞のきちんとした教え方は機能語のところで取り上げていますので，p.61 をご参照下さい。

　つぎに，be 動詞と一般動詞の区別を教えます。中学 3 年や高校段階で，be 動詞と一般動詞の役割の区別ができない学習者も少なからず存在します。このときに，be 動詞の役割を説明しても，たいていの学習者はほとんど理解できません。be 動詞と一般動詞の区別ができていない学習者の大半の問題は，Were you go to Tokyo yesterday?のように be 動詞を不用意に使ってしまうことにあります。ですので，対処としては，

1）生徒に「be 動詞は，いくつあるだろう」と指名して答えさせます。生徒が一つ一つあげていきます。全部答えられなくても結構です。be 動詞は am，are，is，was，were，be，been，being の 8 個しかないことをまず確認させます。黒板の片隅に書いておいても結構です。
2）それ以外の動詞は，すべて一般動詞であることも確認します。
3）一般動詞の区別の疑問文を作る規則を以下のように板書して，日本語は疑問文を作る時に，文尾に「か」をつける。一般動詞の文は，文頭に (Do, Does, Did) をつけると説明します。
4）以下は，説明の板書例です。

・一般動詞の文を疑問文にするときは Do, Does, Did のどれかを文頭に
・三人称単数の時は Does を文頭に
・過去の時は Did を文頭に
・一般動詞の否定文は do not，does not，did not を用いる
・一般動詞と be 動詞を一緒に用いるのは進行形と受動態，それ以外は一緒に使わない

これをノートに書かせておいて，間違えた時に，見させるようにすると，比較的早く，be 動詞と一般動詞の区別ができるようになります。

　最後に，be 動詞＋前置詞句が場所を表すことを説明します。「be 動詞＋前置詞句は，ある場所にいることを表す」と板書します。そして I am in the classroom. I am near the window.の例文を出します。つぎに，ぬいぐるみと箱を用意します。もちろん，この指導の目的に合うものでしたら，他のものでも結構です。ぬいぐるみをさして，This is Momo-chan. 箱の中にぬいぐるみを入れて，Momo-chan is in the box. つぎに，ぬいぐるみを箱のそばにおいて，Momo-chan is near the box. そして，箱の上に乗せてMomo-chan is on the box. 生徒の机の上において，Momo-chan is on the desk.と説明し，「be動詞＋前置詞句は，ある場所にいることを表す」と書いてある上の列に，Momo-chan is on the desk.と板書します。この後で，鉛筆や消しゴムなど手近にあるものを用い，机の上や椅子の下，窓のそばに置き，生徒を指名し口頭で英文を作らせる練習をしましょう。また，第1文型の説明では，存在を表すthere's構文の説明も必要ですが，この段階では説明すると混乱しかねないので，少し経って，「be動詞＋前置詞句は，ある場所にいることを表す」ことがある程度理解できるようになってからの方がいいでしょう。

② 第2文型の指導：不完全自動詞と補語の理解

多くの生徒は，This is a pen.のようなbe動詞が述語動詞である第2文型の文の理解に苦労することはありません。be動詞以外の動詞が来たときの文を理解できていません。これが理解できないと，補語の明確な理解ができず，ひいては，第5文型を理解することができません。つまり，高いレベルの英語を理解できないことになりますので，第2文型はきっちり習得させましょう。黒板にShe isと書きます。そして「これだけでは意味が通じない」といい，黒板にhappyという文字を書き加えてShe is happy.とし，「これで意味が通じる」といいます。このように，「主語と述語動詞だけでは文の意味が不完全なので，動詞を補う語を必要とする文が第2文型（S＋V＋C）である」と説明します。続けて「主語や目的語について，説明を補う語句を補語といいます。そして，この文型では，彼女イコールハッピーなので主語と補語はイコールの関係が成立しています。そして，be動詞以外に，この文型をとる動詞は「〜であるようだ」，「〜になる」，「〜のままである」という意味を持つ動詞である」と説明し

ます。板書では，

She is happy.	She is ill.	He is silent.
「～であるようだ」	「～になる」	「～のままである」
She looks happy.	She becomes ill.	He keeps silent.
seems	gets well.	stays
appears	grows big.	remains

つまり，be動詞を使うと，「彼女は幸福である」のように「～である」の意味でしかない。しかし，板書した動詞は，be動詞と同じように補語を取るが，「～であるようだ」，「～になる」，「～のままである」というbe動詞と違った意味を示すことができる。主語と補語がイコールの関係にあるのが第2文型の特徴である。そして，その文型で使われる動詞の主なものは，板書したとおりである」と説明します。

③ 第3文型の指導：目的語と補語の理解と疑問詞の移動の理解

文型指導に入る前に実施した格についての指導が理解できていれば，第3文型は簡単です。ただ，補語と目的語を混同しがちですので，その違いを理解させましょう。そして，補語と目的語の違いがわかったら，自動詞の後には補語が続き，他動詞の後に目的語が続くと教えましょう。

1) 補語（C）と目的語（O）の見分け方の指導

補語と目的語との見分け方
1. 動詞の後に来ているのが形容詞ならば，補語である。
2. （代）名詞であれば，主語＝補語，主語≠目的語の関係がある。
   He became a doctor.　（He＝a doctor）〈補語〉
   I know the doctor.　　（I≠the doctor）〈目的語〉

2）自動詞と他動詞の区別

He walks in the park.	自動詞
The girl seems clever.	自動詞
She loves music.	他動詞
She plays the violin.	他動詞

「My brother can run fast.や He walks in the park.のように，動詞の後に副詞や前置詞が来る第1文型，The girl seems clever. She always keeps quiet.のように動詞の後に補語が来る第2文型を作る動詞を自動詞という。そして，She loves music.や She plays the violin.のように，目的語をとる動詞を他動詞と呼ぶ」と指導します。これは，この自動詞と他動詞の違いは，辞書を引く時に重要なので，きちんと区別できるようにしておくことが大切だといいます。また，自動詞と他動詞の区別を教える前に，辞書指導を行われる先生がいらっしゃいますが，その場合は，名詞，形容詞，副詞の検索にとどめておいた方がよいでしょう。自動詞と他動詞の区別がきちんとできない学習者は，辞書で「動詞」を調べても，自・他動詞の区別を無視するので，往々にして的はずれな和訳を作り出してしまうからです。

さて，「述語動詞が他動詞であると，その動詞の表す動作の対象となる目的語を必要とする。その目的語は主語とイコールではない」と第3文型の特徴を説明します。追加の文例として以下の板書をします。

A friend	cleans	her teeth	after every meal.
The girls	were watching	the succer game	in the stadium.

3）疑問詞疑問文を作る時に疑問詞が文頭に移動することへの理解

この規則は，第1文型の指導の時に指導してもいいのですが，第1文型の時には確認することが多いので，この稿では，ここで第3文型までのま

とめをかねて指導します。単純な肯定文や疑問文は書くことができるようになった学習者でも，wh-疑問文になると，文法が不安定になります。wh-疑問詞は文頭に来ることは理解しているのですが，＊Where is he jog？のように，be動詞と一般動詞を混用してしまいます。wh-が文頭に来ても，一般動詞の場合は，doを使って疑問文を作るという規則を定着させましょう。ここをクリアすると，一般動詞とbe動詞の混用はぐっと少なくなります。

まず，指名して，以下の日本語を英作文させます。
・トムは，サッカーをします。
・トムは，毎週土曜にサッカーをします。
・トムは，毎週土曜日にサッカーをしますか。

〈目標文「トムはいつサッカーをしますか」〉

・Tom plays soccer.
・Tom plays soccer on Saturday.
・Does Tom play soccer on Saturday ?

トムは 土曜日に サッカーをしますか。
トムは いつ サッカーをしますか。

　Does Tom play soccer on Saturday ?
　↑──────────────┘
　　　　　　　　　　　　　when

wh-疑問文は文頭に来る。
When does Tom play soccer ?

「日付をきくwhenという疑問詞は，on Saturdayの代わりにくるが，wh-疑問詞は，文頭に来るから，トムはいつサッカーをしますかの英作文は，When does Tom play soccer ?となる。この文をよく見ると，whenが文頭にきているけど，動詞がplayつまり一般動詞なので，現在時制の場合はdoかdoesで疑問文にすることを忘れないこと」と説明します。

次に，whoやwhatが主語になる疑問文の説明です。主語と目的語の関

係が理解できていれば，それほど難しくはありません。

〈Tom broke the window yesterday.の疑問詞疑問文〉

誰が，いつ，何を壊したか，の３つができる。
まず，何を壊したかといつ壊したかを聞く文を作ってみる。
・What did Tom break yesterday ?
・When did Tom break the window ?とできる。
つぎに，誰が壊したかという文だが，主語のところに who を持ってくる。すると，
・Who broke the window ?というように，疑問文を作るときに必要な did が不要である。作文してみよう。
どの車が，早いか。　　　　　　→ Which car runs faster ?
だれが，高くジャンプできるか。→ Who can jump higher ?
「主語の位置に疑問詞が来る疑問文は，疑問にするための助動詞が不要である」

　第２文型と第３文型の理解の確認としては，以下のような和文英訳が考えられます。和文英訳をやらせる意味として自分の実力の診断があります。単語の意味を知らない以外の間違いは，文法項目が理解できていない可能性がありますので，間違った箇所は十分に復習させ理解させましょう。

1．桂子は，放課後バレーボール（volleyball）をします。
2．桂子は，放課後何をしますか。
3．桂子は，いつバレーボールをしますか。
4．彼女の兄は，医者になった。
5．彼女の兄は，何になりましたか。
6．誰が，医者になりましたか。
7．このケーキは甘い味がしますか。
8．このケーキはどのような味がしますか。

以上の問題ができれば，基本的な文法項目は習得したといえるでしょう。

(4) 発展の指導
① 第4文型の指導：2重目的語をとる動詞の理解

　第3文型が理解できている学習者にとっては，第4文型の理解は，以下に示す動詞に気をつけていれば，比較的容易でしょう。

give 型「(人に) ～をする」	buy 型「(人のために) ～をする」
hand, offer, pass, pay, show, sell, send, teach, tell, write	choose, cook, do, find, get, promise, read, sing

　give 型の動詞と buy 型の動詞の区別は次のように指導しましょう。「君たちが英作文をする時には，動詞の後に，日本語で「～に当たる語」をそして，「～をに当たる語」を続けるといい。しかし，厳密にはこの文型は，第3文型に書き換えることができる。「日本語で～をに当たる語」が代名詞以外の長い語句の場合や，口調をよくしたりする場合は，動詞の後に「日本語で～を」に当たる語を前に持ってきて，後におかれた「～に当たる語」の前に to, for などの前置詞を置く。give 型の語の場合は to を置き，buy 型の語の場合は for を置く。

Our teacher gave us a lot of homework.
→ Our teacher gave a lot of homework to us.

His parents bought him a new computer.
→ His parents bought a new computer for him.
　　［注］　直接目的語が代名詞のときは，必ず前置詞を使った文にする。
　　○ My girlfriend handed it to me.
　　× My girlfriend handed me it.

---

② 第5文型の指導：動詞の後の目的語と補語の関係の理解
　多くの人が，「第5文型を理解したときに，英語の感覚がわかったよう

な気がした」と述べていることからもわかるように，第5文型は，重要でしかも理解しにくい文型です。しかし，この文型を理解できれば，英語習得に弾みがつきますので，しっかり習得させることが重要です。ここでは，第2文型の復習から，第5文型の指導につなげる方法を紹介します。まず，以下のように板書して，これらが第2文型であること，そして，strong, hungry, clean が補語であることを確認します。

My coffee is strong.
Her cat   is Momo.
Your room is clean.

次に，「これらの文の前に，I like, She calls, You must keep のような句がくると，be 動詞がとれて次の板書のようになります。」と進めます。

I like   +   My coffee is strong.   → I like my coffee strong.
She calls +   Her cat is Momo.   → She calls her cat Momo.
You must keep +   Your room is clean.
                         → You must keep your room clean.
          目的語と補語に，「イコールの関係がある」

そして，「my coffee, her cat, your room に当たる語を目的語，strong, Momo, clean に当たる語を補語といいます。板書でわかるように，この文型では，目的語と補語に，イコールの関係があります」と説明します。補語になるのは，名詞，形容詞，副詞，現在分詞，句，節などがあるが，最初の段階では，第5文型の形を教えるために，名詞と形容詞に限って教えることにしましょう。

第5文型で，
補語が名詞をとる主な動詞：call, name, choose, elect, think
補語が形容詞をとる主な動詞：believe, find, get, have, keep,

> make, leave, like

そして，第4文型と第5文型の違いとして，

> 第4文型
> His parents lent my brother their car yesterday.
> 　　　　　　　　　　　　　　　(My brother ≠ their car)
> 第5文型
> She found her cat hungry.　　　(Her cat ＝ hungry)

最後に，これらの文型の指導は，理解だけでなく，規則を理解したら，それを使う練習としてのアウトプットをさせないと，規則の覚え方が定着しないままに終わってしまいます。運動部の練習と同じように，型を覚えたら，それを徹底的に練習させることが一番の習得の道であることは間違いありません。

確認のための練習問題を紹介します。
1）美由紀は，きのう先生にいくつか質問をしましたか。
2）美由紀は，きのう先生に何を聞きましたか。
3）私たちは美由紀をみゆとよびます。
4）私たちはだれをみゆとよびますか。
5）だれが美由紀をみゆとよびますか。
6）彼女は，魅力的だということがわかった。(found をつかって)

Topics for Discussion

(1) ひとつ文法事項を取り上げ，導入方法を具体的に示しましょう。
(2) ひとつ文法事項を取り上げ，練習段階を具体的に示しましょう。
(3) 実際の誤りの例を取り上げ，訂正方法を具体的に示しましょう。

参考文献

岡秀夫（編）(1984)『英語のスピーキング』大修館書店

金谷憲（編・著）(1992)『学習文法論』河源社

髙島英幸（編）(1995)『コミュニケーションにつながる文法指導』大修館書店

吉田一衛（編）(1984)『英語のリスニング』大修館書店

Chapter 2 *Pronunciation*
発音

1. 「発音」セッションの目的と目標
   - (1) 目標とするレベル
   - (2) カバーすべき領域

2. 単音
   - (1) 指導の第1段階：導入と気づき
   - (2) 指導の第2段階：図示/実演と聴解練習
   - (3) 指導の第3段階：産出練習
   - (4) 説明と練習の例
       - ①母音
       - ②子音
       - ③子音の連続

   Topics for Discussion

3. 音声変化
   - (1) 連結
   - (2) 同化
   - (3) 脱落
   - (4) 弱化

4. プロソディー
   - (1) 文強勢
   - (2) リズム
   - (3) イントネーション

   Topics for Discussion

1. 「発音」セッションの目的と目標

　英語を学ぶとき，最初にぶつかる壁が発音です。とにかく英語の発音は日本語と大きく違っていて，たとえば [r] と [l] の違いなど，聞き分けることも難しいですし，正しく発音することは容易ではありません。そうすると当然ながら，日本人はカタカナで置き換えようとしますが，それでは通じなかったり，誤解されてしまいます。

　ここでは，発音の難しさを日本人学習者の立場から分析しながら，どのような発音練習をすればそれが克服できるのかを考えていきたいと思います。口頭のコミュニケーションにおいて，カギになるのが発音です。英語の発音をきちんと身につけて，伝達したい内容を正しく伝えたいものです。

　発音セッションがなぜ必要なのか考えてみますと，その目的は大きく次の3点にまとめられます。まず第1に，英語の教師として，日本語とはまったく違った発音を身につけて，生徒にとっていいモデルとならなければなりません。第2に，生徒にとってどのような発音が難しいのか，なぜ難しいのか，どうすればその困難点を克服することができるのかを知っておく必要があります。第3に，実際に生徒にどのような発音練習をさせると効果的なのかを心得ていて，間違いを診断したり矯正したりできなければなりません。

　英語の発音の困難点を説明するには，日本語と英語の対照分析 (contrastive analysis) に関する知識が役立ちます。とにかく，日本語にない音が難しいのですから。そして，それに対処するには，音声学的な知識が役立ちます。日本語にない英語の音を産出するにはどのようにすればいいのか，日本人学習者の癖を熟知した上で指導のこつをつかむことができます。ですから，教師としては理論と実践の両方が求められることになります。生徒の間違いを分析でき，良いモデルを提供できなければいけません。

(1) 目標とするレベル

　生徒の発音指導において，まず目ざすべきは，①誤解を招かない発音を習得することです。[θ] を「ス」と発音したのでは [s] と聞こえてしまいますし，[f] は「フ」では代用できません。たとえば，think が sink になったり，fit が hit になってしまっては，正しい意味が伝わりません。次に，②国際的に容認されるレベルがあります。誤解を招かず，ある程度なめらかであることが目標となります。このレベルではまだ多少日本人的であってもかまいません。他の国の人たちもそれぞれの訛りのある英語で話しているのですから。しかし，英語教師はさらにその上のレベル，つまり③できるだけネイティブに近いレベルを目ざし，生徒のロールモデルになりたいものです。正確な発音がベースにあって，なめらかな発話へと発展させていかねばなりません。

(2) カバーすべき領域

　もちろん，まず一番の基礎は個々の母音と子音で，とくに日本語にない音に特別な注意を向けなければなりません。しかし，実践的コミュニケーションで大切になってくるのは，文になったときの音声変化です。それによって，英語らしいなめらかさが生まれてきます。さらに，文全体のリズムやイントネーションなどが重要になり，そのようなプロソディーの要素によって文法的な意味合いも打ち消されてしまうことがあります。たとえば，"You are a student ?" と最後を上げて言うと，文の型は平叙文の形をしていても，意味的には Are you a student ? と同じ疑問になります。これが実践的な口頭コミュニケーションなのです。

　実際の「発音」セッションでは，基本になる単音（母音，子音）から始め，音声変化に進み，次にプロソディーの要素（リズム，イントネーションなど）と段階別に進むとよいでしょう。その構成を表にすると，次のようになります。

　①単音：母音，子音，子音の連続
　②音声変化：連結，同化，脱落，弱化
　③プロソディー：文強勢，リズム，イントネーション

それぞれの箇所で，理論的なしくみを理解し，それと同時に実践的な発音の力を身につけなければなりません。さらに，日本語にない発音の練習のさせ方とか，生徒の間違いの処方のしかたなど，教室での指導法に習熟する必要があります。ですから，説明と練習が交互になされなければなりません。そして，それぞれの箇所で，参加者間の意見交換や発表の場が設けられると有益でしょう。

2. 単音

　外国語を学ぶ時の難しさは，まず第一に，母語との発音の違いにあります。ですから，日本人が英語を学ぶのは，ドイツ人が英語を学ぶ時よりも，数倍も難しくなってくるのです。言語間の距離の問題があるからです。たとえば，[r] と [l] の発音の区別が難しいというのは，日本人に共通した問題です。このような音の区別が日本語に存在しないからです。確かに「ラ」行はあり，ローマ字では ra というふうに綴りますが，本当は [l] に近い音です。ところが，[r] と [l] の違いはドイツ語にもあるので，ドイツ人学習者は母語の習慣をそのまま持ってくればまずは用は足りるわけです。つまり，プラスの転移となります。それに対して，日本人学習者の場合には，日本語が干渉を起こすので，最初のうちは何回聞いても同じものにしか聞こえず，話すときはカタカナで代用してしまい，誤解につながります。

　この [r] と [l] のように意味の違いを引き起こす音を，音声学では「音素」(phoneme) と呼びます。日本語ではひとつの音素に属し，意味の違いを引き起こしません。それぞれの言語でそのように音声体系が異なるのです。そのため，逆に英語話者にとっては，日本語の「いて」と「いって」(そこにいて下さい―そこに行ってください) の区別などが難しくなります。

　日本人でも小さな子どもの場合には，たくさんインプットを浴びせ，ネイティブを真似ればその違いが自然に習得できるでしょうが，発音習得の臨界期を過ぎた中学生以降の場合，特別な手立てが必要になってきます。

まず2つの音が違うことを意識させ，つぎに，どのようにしたら2つの違う発音が産出できるのかを絵図を使ったり実演しながら説明し，それをもとに，自分で発音できるよう効果的な練習を与えることが必要になります。後述する「最小対立」(minimal pairs) という手法が役に立つでしょう。それができたら，次に，無意識に発音できるようになるまで習慣化し，実践的コミュニケーションでは，注意が発音ではなく，伝達したい内容に向くようにならなければいけません。

(1) 指導の第1段階：導入と気づき

　まず，英語の発音への導入として，次のような話をして，生徒の意識を高め，英語の発音は違うのだということに気づかせることがスタートになります。その目的で，次のようなエピソードが役に立つでしょう。

　日本の食堂へ行って，「lamen ください」と言ったのと「ramen ください」（少し強調して巻舌で言う）と言ったのでは違ったラーメンが出てきますか。値段は違いますか。そんなことはないですよね。つまり，日本語では同じ音なのです。ところが，英語で light と right では別の意味になって，聞き間違えたり，言い間違えると誤解を生じます。日本人観光客がニューヨークのレストランで「シラミ」を注文したという笑い話があります。なぜだと思いますか？　Rice といったつもりが，lice だったのです。このような意味の違いを引き起こす音は，しっかりと区別しなければいけません。そうしないと誤解につながったり，わかってもらえませんから。まだ聞いても違いがわからないのは，皆さんが生まれてこの方，日本語でこのような違いを区別してこなかったからです。r と l は英語では2つの別の音ですが，日本語では「ラ，リ，ル，レ，ロ」という感じで，同じひとつの音と認識するわけです。一般にローマ字で"ra"というふうに表記しますが，発音上は，日本語の「ラ」は，どちらかと言うと"l"のほうに近いですよね。実際に言ってみましょう。la, li, lu, le, lo というぐあいです。それに対して，"r"でやると ra, ri, ru, re, ro となります。かなりの違いがありますよね。この"r"の音がとても強いのが，西部劇の映画やスコットランド英語の特徴で，方言になります。

同様に，母音においてもカタカナで「アー」と表記されるものに，英語では [ɑː] と [əː] のふたつの音があり，それらは聞こえが全然違うのだということに気づかせないといけません。大きく口を開けて発音する [ɑː] は明るく響き，口を閉じたような形で発音する [əː] は暗く響くことをやや誇張するぐらいにして実演し，その違いをまず納得させましょう。[r] と [l] の違いは図に書いて，舌の位置が違うことで示すことができますが，[ɑː] と [əː] の場合は，簡単に先生が実演すれば，その口の形の違いは見てすぐわかるでしょう。

(2) 指導の第 2 段階：図示/実演と聴解練習

　第 1 段階で，生徒には英語の発音に対する注意を喚起し，日本語との違いに気づき，これからやろうとしている活動の目的を理解してもらったことになります。[r] と [l] の区別では，舌の位置に注意することがカギになります。基本的な違いを下のような口腔図で示したり，実演しながら解説し，生徒に実体験をさせると納得するでしょう。[l] では舌が上の歯と歯茎の内側についているのに対して，[r] はどこにもつかないことを強調するとよいでしょう。上の導入で使ったラ行を，la, li, lu, le, lo と ra, ri, ru, re, ro というぐあいに対比させて繰り返させると効果的です。

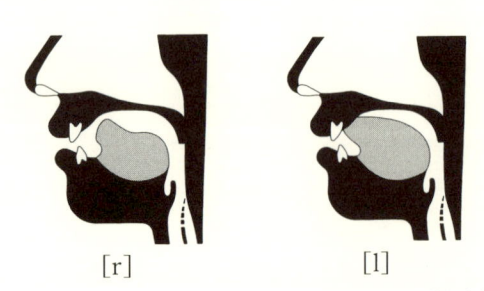

[r]　　　　　　　　　[l]

（図：竹林滋・斎藤弘子（1998）『改訂新版 英語音声学入門』大修館書店より）

　一応区別がのみこめたら，聞き分けることができるかどうか，聴解練習をさせるとおもしろいでしょう。先生が，[r] と [l] のどちらをいっているのかを当てさせます。先生は口を教科書で隠して，たとえば "right, right" と繰り返し，どちらだったのかを当てさせます。続けて，

"light, light"，さらに "read-lead" のペアなどでやることができます。口を隠しておく必要があるのは，[l] と [r] は口の中は見えなくても，注意してみると外から見た口の格好で違いがわかってしまうからです。聞いた感じが，[l] は明るいのに対して，[r] はやや音がこもったった感じで暗く響きますよね，というようなコメントを与えてやると，あまりピンとこなかった生徒も少しは取っ掛かりができるのではないでしょうか。

　生徒にとって聞き取りが難しいのは [f]，[θ] の音です。ネイティブにとっても，電話口などでは一番聞き分けにくい音ですから。これらの音のカギになるのは摩擦です。たとえば，[h]，[s] と息がぬけていたのでは hit, sink にしかなりませんから，[f] の場合上の歯で下唇を噛んだり，[θ] の場合上下の前歯と舌先とで摩擦が起こって始めて fit, think になります。これらの発音は日本語にないので，先生が音の産出のしかたについて説明と実演をし，少し誇張するぐらいにして摩擦をおこす練習をさせると（正しく発音している証拠は息が苦しくなることだといって），生徒も実感できるでしょう。最初のうちは意識的に歯と舌の位置を確認する必要がありますが，だんだん慣れて習慣化してくると，舌が歯の裏側にちょっと触ればいいようになるでしょう。

(3) 指導の第3段階：産出練習

　今度は実際に自分でやってみる練習です。英語の音を出すのに，意識的に口を動かし強調してやる必要があります。その練習のために，「最小対立」(mirimal pairs) という考え方が利用できます。「ミニマル・ペアー」とは，まわりの発音はすべて同じで，ひとつの音素だけを対立させた1対の単語のことです。日本語にない発音に焦点をあて，その部分をきわ立たせて練習するためには効果的な手法です。

　[l] と [r] の識別練習，[ɑː] と [əː] の識別練習は，次のようになります。

① [l] と [r] のミニマル・ペアー　　[ɑ:] と [ɚ:] のミニマル・ペアー

light-right	far-fur
lead-read	heart-hurt
long-wrong	star-stir
collect-correct	farm-firm
glass-grass	hard-heard

②単語レベルでの練習ができたら，つぎはそれを文の中に入れて練習するとよいでしょう。そうすると，無味乾燥な練習ではなく，実践的な意味のある文になりますし，焦点が音素だけから少し離れて，コミュニケーションの中で正しい発音が使えることにつながっていくでしょう。

> It's light/right.
> I took the long/wrong train.
> Don't step on the glass/grass.
> Please collect/correct the reports.

その他，日英語の対照分析で明らかになってくる発音の困難点には，母音で，[æ]-[ʌ]，[ɔ:]-[ou]，子音で [f]-[v]，[θ]-[ð] などがあります。これらの発音は，そのような音自体またはその区別が日本語にありません。ですから，カタカナではその違いを十分に表記することはできません。([b] と [v] を区別するのに，「ヴァイオリン」のように「ブ」に対して「ヴ」と表記するケースがありますが。) 生徒はまったく新しい習慣をつけなければなりませんから，その発音の仕組みを生徒に理解させて，新しい音を産出できるよう意識的に練習させる必要があります。

(4) 説明と練習の例
①母音
　母音を産出するカギになる調音法は舌の位置で，それに連動して口の開けぐあいと唇の形です。下の基本母音の図にみるように，舌の位置が (高−中−低)×(前−中−後)で分類されます。日本人の一番苦手な [æ]

の舌の位置（低×前）をしっかりと確認させましょう。また，[iː] と [i] は長さが違うだけでなく，母音の質も違うことを体験させましょう。

cat-cut	bag-bug	hat-hut	match-much	lack-luck
feel-fill	heel-hill	peel-pill	steal-still	lead-lid

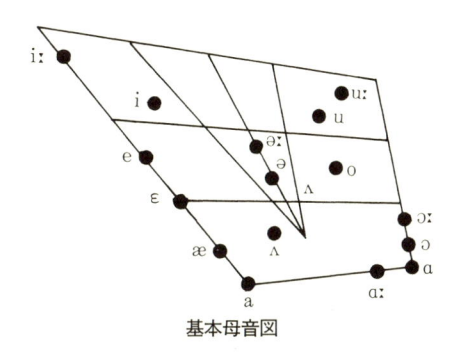

基本母音図

（図：根間弘海（1986）『英語の発音演習』大修館書店より）

②子音
　[f] では上の歯と舌の唇の摩擦で生ずることを実演し，摩擦がないときの [h] の音と対比すると違いが明らかになるでしょう。

hit-fit　hear-fear　heat-feet　heel-feel　hall-fall

　[θ] では舌を上下の歯の間に入れて摩擦によって生ずることを提示し，歯の間から息がもれたときの /s/ の発音と対比させると効果的でしょう。

sick-thick　sink-think　mouse-mouth　sin-thin　pass-path

　これらの子音を分類するのに，音声学では次のような表が用いられます。表からわかるように，調音の場所と方法が異なるのです。

		調音場所				
		両唇音	唇歯音	歯音	歯茎音	声門音
調音方法	閉鎖音	p/b				
	摩擦音		f/v	θ/ð	s/z	h

　現実的には，lice と発音したからといって「シラミ」が出てくることはないでしょう。つまり，文脈から十分に類推できるからです。その意味では，文脈から内容を類推することは重要なストラテジーになります。

　しかし，だからといって発音をいい加減にすると，次のように文脈の助けがないときに困ります。発音だけが頼りですから。それゆえ，意味の違いを引き起こす音素はきちんと区別しておかねばなりません。

> We walked along the long/wrong way.
> He played/prayed for a long time.

③子音の連続

　英語の音節構造の特徴として，子音の連続があります。日本語は，「ン」を除いてすべて「母音＋子音」という音節構造をとります。そのために，その習慣が英語を発音する際に干渉をひきおこし，strong が「ストロング」になってしまいます。英語の strong は 1 音節なのに，カタカナ英語では 4 音節にもなってしまうのです。不要な母音をとって，英語での子音の連続に慣れ，不必要な母音を入れてカタカナ発音をしないようにしないといけません。そのためには，次のような単語で練習しましょう。

> strong, straight, strike, spring, train, travel, model, advice

―― *Topics for Discussion* ――

　教室で観察される生徒の発音の問題点を出し合いましょう。そして，以下の例を参考にその困難点を分析し，適切な練習を具体的に提示しましょう。

例：ひとつの事例として，よく ship の [sh] がうまくできない生徒がいますが，その場合「汽車汽車シュッポシュッポ」の sh の問題

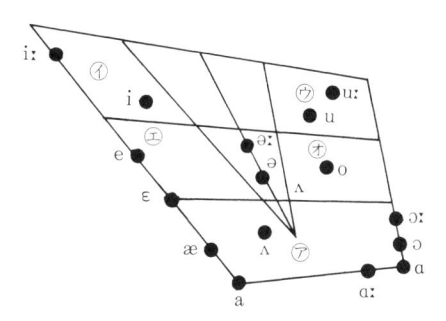

(図：根間弘海（1986）『英語の発音演習』大修館書店より)

だけでないことが多くあります。よく分析してみると，[i] に問題があることがわかります。どうしても sip に聞こえるのは，英語の [i] を日本語の「イ」で代用しているからです。英語の [i] は日本語の「イ」よりも舌の位置が低く「エ」に近いことに注意を向けさせてください。「シップ」ではなく，「セップ」に近くなります。p. 41 の基本母音図を応用して，[i] と「イ」の舌の位置を示すと，その違いがよくわかります。とくに，[i] が「エ」に近いことに注目ください。

3. 音声変化

これまで見てきた単音がきちんとできることが，まず発音のベースになります。しかし，正確なだけでなく英語らしい自然ななめらかさを生み出すためには，一語一語を同じような調子で話していてはいけません。機関銃式とかお経読みと呼ばれる一本調子な日本語のリズムを避けないと，英語が不自然でわかりにくいものになってしまいます。そのためにはまず，個々の音が文やコミュニケーションの中で自然に変化する現象に慣れなければいけません。日本語でもふだんの会話の中で，「～ではない」と言うところがなまって「～じゃない」となったりするのと同じような形で，英

語でも音声の変容が起こります。

　英語の音声変化は，連結，同化，脱落，弱化の4種類に分類されます。これらはすべてふつうの速さで会話するときに自然に起こる現象で，それによって単語読みではなく文全体でひとつの流れとなって，なめらかさが出てきますので，ぜひ体得しましょう。また，聞いたときにわかりにくいのも，このような音声変化の現象に慣れていないために戸惑ってしまうからです。

(1) 連結［リエゾン］（linking）

　これは come on が「カモン」となるように，別の単語の連続する音がひっついてしまう現象です。子音で終り，次が母音で始まり，意味的にひとつの固まりをなすときに表れます。次のフレーズで練習しましょう。

> come in, stand up, get on, for ever, put it on, one of them
> ・I'll be back in half an hour.
> ・Would you like a cup of tea?

(2) 同化（assimilation）

　子音が前後の音に影響されて変化する現象です。たとえば，don't you は [t+j] が [tʃ] に変わります。上で例をあげた「じゃない」も，この同化に分類できます。

> of course ([v]→[f])，did you ([d+j]→[dʒ])，this year ([s+j]→[ʃ])，give me [gímmi] （アバ ABBA の歌に "Gimme! Gimme!" というのがありましたね。）
> ・I have to finish my homework. ([v]→[f])
> ・Could you pass me the salt? ([d+j]→[dʒ])

(3) 脱落（elision）

　これは隣接する音のどちらかが発音されない現象です。とくに [t]

[d] のような破裂音がふたつ続くときに，両方とも破裂させるとリズムが崩れるため，なめらかな発話を保つためにこの現象が表れます。音が落ちてしまうといっても，wha(t) time が「ワッタイム」となるわけではなく，脱落した部分にはわずかなポーズのような間があります。ですから，ジョン万次郎には "What time is it now ?" が「ホッタイモイジルナ」と聞こえたわけです。話し手の方から言うと，初めの [t] を飲み込むような感じになります。

> no(t) to, was(te) time, ski(m) milk, shoul(d) be, ho(t) dog
> ・Wha(t) time is it now ?
> ・You'(d) better hurry up.

(4) 弱化 (weakening)

機能語を中心に，内容的にそれほど重要でない単語は，一般に弱く発音されます。前置詞，冠詞，助動詞などです。そのため，am も会話ではよく I'm と省略されたり，for four years は同じ「フォア」でも強さが違い，強形 /fɔːr/ が弱化すると /fər/ となります。

> How do you do ? [də]
> I have never been there. [v]
> How long are you going to stay ? [tə]
> We had lots of fun. [əv]
> I had bread and butter for breakfast. [n]
> I should've written to you earlier. [əv]

たとえば and の場合，辞書をひくと発音記号が [ænd, ənd, n] となっているように，その働きに応じて強形と弱形があります。強調するときや文の最後では強形をとります。

> What are you looking for ? (強形)—I'm looking for my bag. (弱形)
> I put it under the table, not on the table. (両方とも強形)

リスニングの場合に聞き取りに困難を感ずる原因のひとつは，これらの弱く発音される要素に関係しています。ふつうの文章の中では冠詞や前置詞などの機能語が弱くなり，周りの内容語とくっついてしまうため，その部分が聞き分けにくくなるのです。わかりにくい箇所に注意を奪われ，音声の解読レベルで格闘するために，内容の理解が阻害される結果になってしまいます。それゆえ，この音声変化に慣れ，聞こえてくるものをチャンク（センス・グループ）としてとらえるようにしたいものです。

　たとえば，I've been busy/with the report/for the last two weeks.を聞いた場合，斜線で示したようにチャンクとしてとらえ，強調される内容語を確実にとらえることが，文全体の意味をとるカギになります。聞き手の解読装置は次のように機能することになります。

　I've been busy（何で忙しいのかな？）／with the report（ああ，レポートか）／for the last two weeks.（ええっ，2週間も）

　このように，聞こえてくるスピードに遅れず，解読していくことがカギになります。慣れてくるとこのチャンクが次第に長くなり，上級になると英語でそのまま入ってくるようになるでしょう。リスニングを中心に述べましたが，このことはスピーキングにもあてはまり，弱形が英語のリズムを生み出し，話すときのなめらかさにつながります。

4．プロソディー

　これまでは単語のレベル，そして隣接する発音が影響し合う現象を扱ってきましたが，発話になった場合，文全体の流れが重要になります。それによってなめらかさが生まれるばかりでなく，意味内容も影響をうけ，文のもつ含蓄や話し手の感情が表出されます。たとえば，"What are you doing？"という文の文字通りの意味も，その語調によって変わります。教室では最も一般的な型をまず導入するので，Wh-疑問文は最後を下げるというふうに教えますが，それは中立的なケースで，実際の言語生活ではさまざまな変容が起こります。たとえば，上昇調でいうと子どもに対してやさしく「何やって遊んでるの？」という話しかけになるのに対して，

what と doing に強勢をおいて荒々しくいうと「お前は一体なんてへまを やっているのだ！」という叱責になります。もしそう言われたら，"I am doing...."なんて言うと口答えしているように聞こえますから，何も言わずに黙っている方が得策でしょう。

> What are you doing ? (↘)
> What are you doing ? (↗)
> WHAT are you DOING ? (または What are YOU doing ?)

このプロソディーの要素は個々の音をこえたレベルなので，「超文節 (suprasegmental) 音素」とも呼ばれます。その中で大切なのは，文の強勢，リズム，イントネーションの3つです。強勢はよく「アクセント」と言われますが，厳密には "stress" と呼ぶのが適切です。というのは，"accent" とはことばの訛りのことですから。

(1) 文強勢

個々の単語に強勢があるだけでなく，文として強く発音される部分があります。原則として内容語がストレスを受け，文全体としては，一番最後のストレスのある箇所が最も強くなります。

> How about going shópping ?
> Meg knows a lot about the móvies.
> I'd like you to help me find a T̂-shirt.

特別な意味合いがあると，それを表すために特定の要素が強勢を受けます。たとえば，I DID work hard, but the results don' show. と強調のために代動詞 do を使う場合があります。また，Who broke the window ?— I didn't do it. JOHN did it. の場合，書きことばでは It was not I but John that broke the window. ということになるかもしれませんが，話しことばではそれでは固すぎていけませんので，文法の強調構文にあたる意味合いを音声的に強勢によって表すのです。

(2) リズム

　日本人の英語はどうしても棒読みの感じになってしまいます。それは日本語と英語のリズムが異なるからです。日本語では各音節がすべて同じように強く言われますが（そのため機関銃式とかお経読みと呼ばれるわけです），英語では強く発音される要素は等間隔で登場し，その間の音節は弱くなります。たとえば，次の日英語のペアを比較してみてください。

```
・ ・ ・ ・ ・ ・       ● ・ ● ・
カリフォルニア　—　California
```

　日本語は音節ごとにほぼ等しい時間で発話される（syllable-timed）のに対して，英語では強勢中心の（stress-timed）リズムと呼ばれ，強音節を中心としてほぼ一定の間隔で発話されます。その間にある弱音節の数には関係がないので，弱音節が多ければその部分は速くなります。その結果，「ダ，ダ，ダ，ダ，…」という感じの日本語に比べて，英語は「タ，ターン，タン，タン」というような調子でリズミカルに響くのです。次のような練習で，その感じをつかみましょう。

```
●   ・   ・   ●   ・   ・   ・   ●
Dogs          eat                    bones.
Dogs will     eat                    bones.
Dogs will     eat      some          bones.
Dogs will be eating some             bones.
Dogs will be eating some of the      bones.
```

　手や足で拍子を取りながら，次の文を言ってみましょう。

2拍子：Pick it up at once. It's time for dinner.
3拍子：I have heard of it before. What have you done with your car?
4拍子：She wanted us to listen to the song.
5拍子：We took it to the police.

　さらに，英語のリズムの感覚をつかむのに，英語の歌や詩で練習するとよ

いでしょう。ひとつの音符にたいして，カナがひとつずつふってある日本語と，音節で分けてある英語の歌詞とは面白い対照をなします。

(3) イントネーション

イントネーション（抑揚）とは，文の途中や文末の音の上り下がりのことで基本的には上昇調と下降調に分けられますが，いろいろな変異形もあります。イントネーションによって，文字通りの意味をこえて，話し手のニュアンス（含蓄）や感情が表出されますので，実践的コミュニケーションでは，イントネーションによって表される相手の意図を正しくとることが大切になります。難しいのは英語ばかりではありません。日本語の場合，箸と橋では音調が違いますが，外国人学習者にとって（中国語を母語にする人は別にして）この違いはとても難しく，なかなかわかりません。

まず基本形を練習しましょう。

> Are you a student ? (↗)
> Yes, I am a senior high school student. (↘)
> Where do you go to school ? (↘)
> Which do you like better, summer (↗) or winter ? (↘)

次に，同じ文でもイントネーションによって違った意味合いが出てくるものを練習しましょう。

> Ready ? (↗) ─Ready. (↘)
> { I beg your pardon ? (↗) (＝Will you say it again ?)
> { I beg your pardon. (↘) (＝I'm very sorry.)
> { You like English, don't you ? (↗) (疑問の意)
> { You like English, don't you ? (↘) (確認)

さらに，変異形によって特別な意味合いが含まれる場合を練習しましょう。

Could you give me a hand ?—Not right\now./ (maybe later)
{ I thought it would/rain.\ (but it didn't)
{ I/thought\it would rain./ (and it did)

Topics for Discussion

(1) マザーグースでリズム練習をしてみましょう。

　Twinkle, twinkle, little, star,
　● • ● • ● • ●
　How I wonder what you are !
　● • ● • ●　● • ●
　Up above the world so high,
　● • ● • ●　● • ●
　Like a diamond in the sky.
　● • ● • ●　● • ●

(2) 英語のリズムに慣れるために，弱形のディクテーション練習をしてみましょう。また，実践的コミュニケーションでなめらかに言えるよう，弱形に注意して発話練習しましょう。

　What (are) you going (to) do ?
　Come (to) think (of) it, it's risky.
　I asked (him) about (the) money.
　There (were) still many problems (to) solve.
　The doctor said (that) I should take (a) rest.

参考文献

岡秀夫（他）（1993）*Listen to America* 大修館書店
岡秀夫（他）（1997）『英語の発音クリニック』大修館書店
竹林滋・斎藤弘子（1998）『改訂新版 英語音声学入門』大修館書店
根間弘海（1986）『英語の発音演習』大修館書店

Chapter 3 *Vocabulary* 語彙

1. 語彙研究から

 (1) 語彙指導の重要性
 (2) 基本語彙の選定
 (3) 内容語と機能語
 (4) 受容語彙と発表語彙
 (5) 検索と評価の練習
 (6) 偶発的学習と意図的学習
 Topics for Discussion

2. 語彙習得プロセスと指導例

 (1) 新しい単語の形と意味を認識する段階
 (2) 文脈の中で単語の意味を理解させる段階
 (3) 一時的に記憶した語を受動的活動で使う段階
 (4) 自己表現活動で使う段階
 Topics for Discussion

1. 語彙研究から

(1) 語彙指導の重要性

英語を教えてそれを生業にしていると，常に自分の英語力を高めるための努力が必要です。外国語はなかなかものになりません。中でも難しいものの一つが語彙習得でしょう。覚えても，覚えても，まだまだ知らない単語が現れてきます。そして覚えたと思ってもどんどん忘れてしまいます。ある単語の意味を調べようと辞書を引いて，その単語を前に何度か調べたことがある単語だったことに気づかれる先生も少なくないでしょう。英語の語彙との闘いは，上級者に至っても果てしなく続く課題ですから。

英語教育界でも，一時語彙指導が軽視される風潮がありましたが，最近のコミュニケーション重視の英語教育の動きが高まりつつある中，語彙指導の重要性が一段と認識されるようになりました。なぜなら，コミュニケーションで，語彙選択を誤ると，伝達したいことが伝わらないことが多いからです。コミュニケーションがうまくできるかどうかは，文法が適切に使えるかどうかより，語彙が適切に選べるかどうかにかかっているとも言えるでしょう。

しかし，現在，英語教育の中で，一番遅れているのが語彙指導といっても過言ではありません。単語帳を与えて定期的に単語テストをする，または英文を多く読ませる以外は，学習者の自己努力という「指導」が，残念ながら多く教育現場で見られるのではないでしょうか。そのような「精神的」な指導では，なかなか効果が上がりません。このセッションでは，どのようにしたら，学習者に有効な語彙指導ができるかを考察してみます。

(2) 基本語彙の選定

まず，指導要領で定めてある語彙のような基本語彙について考えてみましょう。ある特定の目的を持って，制限的に語彙を選ぶことを語彙選定 (vocabulary selection) といいます。外国語学習では，学ぶ時間が限られているために，学習の経済性と効率を考える必要があります。そのために，上記のように基本語彙の数に多くの注目が集まります。基本語彙とし

て，選ぶ条件はいくつかありますが，幅広い範囲で使用可能なことや他の語では代替がきかないことがあげられます。

実際の選定作業ですが，以前はPalmerのように，自分が外国人を教えた経験をもとにしたものが中心でした。しかし，現在では，コンピュータを用いたコーパスを利用する方法が主流になりました。最近では少し影が薄くなりましたが，言語学の立場から国際補助語として役立つために最小限の語彙としてOgdenは *Basic English* (1930) として850語の選定し，これらの語彙を用いれば一応必要な内容をすべて表現することが可能であると主張しました。

例えば，「日本政府は，鳥インフルエンザがアメリカで確認されたため，米国産の鶏肉の輸入を禁止しました」という英文をBasic Englishで許された単語で表すと，病名などはそのまま使いますので，以下のようになります。

Some birds in America are ill, the bird flu, so Japan stopped getting American birds' meat.

若干窮屈ですが，言いたいことは伝わります。

では，学習指導要領の語彙はどうでしょうか。現行の中学校学習指導要領では，必修100語を含めて，900語程度を学習するように定めています。また，高等学校学習指導要領は，「英語Ⅰ」ではさらに400語程度，「英語Ⅱ」ではさらに500語程度，「リーディング」ではさらに900語程度を学習することを定めています。これらを合計すると，中学校と高校で学ぶ語数は2700語となります。

では，日本の学習者が習得すべき受容語彙はどのくらいでしょうか。基本の2000〜3000語で日常の英語の90％はカバーされるという説もありますが，長年の研究の結果，竹蓋（1987）は，英語母語話者を理解するに必要な語彙力として7000〜8000語を主張されています。それに比べると，学習指導要領で明記されている日本人英語学習者が学習すべき語彙数は，あまりにも少ないというのが実状ではないでしょうか。

(3) 内容語と機能語

　次に，どのような単語を選び覚えさせるべきかという問題です。英語の単語は，「内容語」（名詞，動詞，形容詞，副詞，指示代名詞，疑問詞，間投詞）と「機能語」（冠詞，前置詞，助動詞，代名詞，関係詞，接続詞）に分けられます。内容語は，その性質から，internet, AIDS など新しいものや概念が作られるたびに，新しい英単語が作られていきます。一方，機能語は，数が限られているし，新しい語が作られることはありません。しかし，いつまでも a と the の区別や前置詞の正しい選択に困るように機能語は習得が難しいのです。しかも，The Birmingham Corpus (Sinclair & Renouf 1988) によると，実際に使われている英単語の使用頻度の1位から100までのリストの多くは機能語です。当然，現行の中学校の学習指導要領の必修100語のほとんども機能語です。そして，機能語は英語の使用の3分の1近くを占めるといわれています。

(4) 受容語彙と発表語彙

　最近，研究が進んでいるのは，心的辞書（mental lexicon）と言われる分野です。心的辞書は，受容語彙（receptive vocabulary）と発表語彙（productive vocabulary）で構成されています。受容語彙は，リーディングやリスニングの活動で出会った時に意味がわかる単語，発表語彙は，ライティングやスピーキングの活動で使える単語を指します。あとで紹介する「望月テスト」も学習者の受容語彙サイズのテストです。発表語彙サイズのテストとしては，日本語で単語の意味を与えて，英語のスペリングを書かせるテストなどがあります。

　さて，その語彙の指導ですが，読解指導などによって新出単語が学習者の受容語彙に入ります。当然ながら，生徒は新語に繰り返し遭遇する回数が多ければ多いほど受容語彙に入る可能性が高いといえるでしょう。では，だいたいどの程度の頻度でテキストに出現すれば，新語が受容語彙に入るかというと，同一のテキストの中に6回〜7回という研究結果が多いようですが，6回〜7回見れば偶発的に受容辞書に入ることを保証するものではありません。ただ，新語を見るのが6回〜7回以下では，受容辞書

に入ることはないといえるでしょう。

(5) 検索と評価の練習

　また，語彙の定着は，必要度と検索度に大きな関わりがあります。教室での指導と大きく関係あるのが検索度です。ここでは辞書を参照する際に適切な単語を選ぶ作業について考察します。

　現在，教室での辞書指導は実施されている学校とそうでない学校があります。辞書の検索練習は重要ですので，早い段階から，自分で辞書を使って検索できるようにする指導をした方が良いでしょう。しかし，生徒の習熟段階を考えない辞書指導は，生徒を困惑させるだけです。中学校では，文型を教えますが，多くの中学生はなかなか自動詞と他動詞の区別ができません。そのため，よほど習熟度が高い学習者でない限り，動詞の検索は難しくなります。どの意味が当てはまるか，なかなか判断できないからです。だから，中学校では名詞，形容詞そして副詞程度の検索練習で良いでしょう。自動詞と他動詞の区別ができない学習者に動詞の検索をさせると，どの意味を当てればいいのかが難しいので文章の意味がとれなくなり，辞書を使うことを嫌がるようになります。

　次に，意味を探し当てる練習について説明します。読解の教材に，新出語の意味を無条件に与えてしまうと，辞書の練習の機会を奪ってしまいます。中学での動詞の検索練習はなくても良いと思われますが，意味を考えさせる練習はさせた方が良いでしょう。そのような場合は，新出単語の意味をただ与えるだけではなく，辞書にあるいくつかの意味を選択肢として与えて，適切な意味を選択させるようにすると良い練習になります。

(6) 偶発的学習と意図的学習

　筆者の体験ですが，私は単語帳などを使っての単語学習（意図的学習）は苦手でした。先生が実施した単語テストのためにも勉強した記憶はありません。ですので，私が持っている語彙の多くは，ペーパーバックを読書することによって覚えた（偶発的学習）ものでしょう。しかし，高校時代に，隣に座っていた友人は，ポケットに豆単（英語基本単語集）をいれて，

頻繁に見ていました。その結果，各種のテストでいつも優等でした。このように，語彙学習を目的として行う学習は意図的学習（intentional learning）として，英語使用を目的として二次的に語彙習得をすることを偶発的学習（incidental learning）として区別します。ところが，高校の教員になった私は，生徒がほとんど英語の本を読まないことを知っていましたので，偶発的学習は期待できません。そのため，毎週の単語テストを実施するなど，意図的学習を積極的に課すようになりました。自分は嫌いだったけど，意図的学習の効果は十分に認めていました。英語との接触が限られている日本では，偶発的学習だけでは十分ではありません。2つの学習で，お互いを補い合うことが重要でしょう。

> *Topics for Discussion*
> 　先生は，どのように語彙指導を行っていますか。先生が意識的に行っていらっしゃる語彙指導をリストアップしましょう。そして，仲間の先生とアイディアを交換しましょう。

2．語彙習得プロセスと指導例

　第二言語を習得する学習者が，語彙を習得する順序としては，(1)新しい単語の形と意味を認識する，(2)文脈中で語の意味を理解する，(3)一時的に記憶した語を受動的活動で使う，(4)自己表現活動で使うという順序が観察されます。したがって，この順序に従って指導案を提案します。

(1) 新しい単語の形と意味を認識する段階

　この段階を，「新しい単語に出会う」段階と「単語の形を認識する」段階の2段階に分ける考えもあります。たとえば，個人が行う読書などの偶発的学習をとおして，学習者は新しい単語に出会います。そこで，その単語に対して関心を示せば，次の段階に進むことになります。しかし，読書などで新しい語に出会ってもその語に関心を示さなければ，「単語の形を

認識する」段階に進みません。そのために，2段階に分ける考え方があります。しかし，実際の学校における指導では，この2つの段階は同時に起こると考えて良いので，「新しい単語の形と意味を認識する」段階と分ける必要はありません。また，日本の学校環境ではほとんど，音で新しい英単語を認識することはありません。したがって，新しい英単語は，文字の形として出会うことになります。

①新出語の指導

　英単語の記憶は，感覚をできるだけ多く使えば使うほど定着します。ですから，絵や写真，実物が教室で提示できるものはできるだけ提示しましょう。雑誌やパンフレットなどから切り抜く方法に加えて，最近はインターネットのウェブサイトよりかなりのものが入手できるようになりました。それらと同時に，スペリングを見せ（視覚）ながら，発音を聞かせ（聴覚），リピートさせ（運動感覚）ます。また，swim や jump のように動作に関係する語は，その動作またはまねごとをさせましょう。その動作をしながら発音を聞かせ（聴覚），リピートさせます。その後フラッシュカードを使って，発音を聞かせ，リピートさせ，ノートなどにスペリングを書かせる（手の感覚）と，教科書で単語を見ただけの場合より何倍もよく記憶に定着します。次の時間に，ビンゴゲームでその単語を復習すれば，さらによく記憶させることができます。もちろん，この方法は高校でも効果的に使うことができます。

②カードゲームを使って

　中学校では，名詞，動詞，形容詞の屈折形をどのように作るのかという学習があります。ここでは，不規則変化をする動詞の活用をカードゲームで楽しみながら覚える指導法を紹介します。ここで紹介するゲームは，達人中の達人といわれる富山県の中嶋洋一先生が発案されたカードゲームです。

カードゲームの手順

【ゲームの前の準備】
- 4人の生徒のグループを作り，机の周りを囲みます。
- 4人グループの場合は16枚のトランプ大の紙を各グループに用意します。
- 各グループに4つの不規則変化動詞を割り当てます。
- 4枚のカードに「動詞の意味，原形，過去形，過去分詞」を書かせます。
- 4人が，動詞の意味，原形，過去形，過去分詞と役目を分担して書きます。つまり意味なら意味だけを書きます。
- カードがそろったら，カードを真ん中の机にならべ，まずグループ全員でそのカードを音読します。
- 16枚のカードをよくシャッフルして，各自に4枚ずつ配ります。カードを配り終わったら，消しゴム3個を机の真ん中におきます。

【ゲーム開始】
- 一つの動詞の「動詞の意味，原形，過去形，過去分詞」の4つのカードを早くそろえることを競います。
- 一斉に，不要なカードを1枚ずつ右隣の人に渡します。だれかが，そろうまでその動作を繰り返します。
- 誰かが一つの動詞の「動詞の意味，原形，過去形，過去分詞」カード4枚をそろえたらそのゲームは終わりです。
- そろった人は，「ビンゴ」といって真ん中においてある消しゴムをとります。
- ゲームに参加している残りの人も消しゴムをとります。
- 「ビンゴ」といって消しゴムをとった人がプラス2点，消しゴムをとった人はプラス1点，とれなかった人はマイナス1点，「ビンゴ」といっても消しゴムがとれないと，マイナス1点です。
- 同時の場合はジャンケンで決めます。
- ビンゴといった人はカードを公開します。もし間違えていた場合でも

ペナルティにはしません。
- そのグループで，4つの動詞をそろえ終えたら，先生のところへ得点の報告に行き，別のカードでゲームを始めます。

　生徒は夢中になって，ゲームをしますので，不規則変化動詞をすぐ覚えてしまいます。この手法を使って，名詞や形容詞の屈折を指導することができます。

③接頭辞と接尾辞を使って

　学習者の語彙サイズが大きくなるにしたがって，単語のネットワークを作る基礎ができます。この段階で，接頭辞・接尾辞をつけることで派生語を作ることを指導すると，学習者は飛躍的に語彙を増やすことができます。以下の接頭辞や接尾辞を持つ単語を新出語として指導する場合は，同じ接頭辞や接尾辞を持つ別の単語を示して，接頭辞や接尾辞の意味を指導することが効果的です。

〈代表的な接頭辞とそれを持つ単語〉

接頭辞	意味	単語例
con-, com-	共に	combination, concord, contemporary
en-	動詞を作る	enable, engage, enrich, enroll,
extra-	範囲外の	extraordinary, extrasolar, extravagant
multi-	多くの	multicolor, multicultural, multimedia
post-	後の	postmodern, postscript, postwar
pre-	前の	preannounce, predict, prepare
re-	再び	recall, rewrite, reread
sub-	下,下位,副	subculture, submarine, suburbs, subway

〈代表的な接尾辞とそれを持つ単語〉

接尾辞	意味	単語例
-able	～できる	comfortable, eatable, unbelievable
-en	動詞を作る	redden, sharpen, whiten, widen
-ful	～がいっぱい	bucketful, careful, beautiful
-ic	形容詞を作る	aerobic, cubic, lunatic, romantic
-ist	～人	communist, dentist, racist, sexist
-ive	形容詞を作る	active, conservative, digestive
-ize	～化する	categorize, civilize, Americanize
-ly	副詞を作る	absently, actually, freely, merrily

(2) 文脈の中で単語の意味を理解させる段階

　単語の形と意味だけをたくさん覚えさせることもあながち効果がないとは言えませんが，無機的な記憶になりがちです。無機的な記憶は，辛くしかも忘れがちです。そのために，状況がわかる文章と共に単語を覚えさせる方法が有効でしょう。

①教科書本文を暗記させる

　中学校の授業で，教科書本文をうまく暗記させる授業をよく見かけます。覚えさせる方法として，有効なのは，
1）本文を先生または CD/テープの後について何度も練習させる。
2）1文ずつ，教師が "Read, look up and say." と言って，できるだけ，教科書を見ないで言わせる。
3）3，4分あたえて，教科書本文を暗記させる。
4）ペアで組ませて，暗記をチェックさせる。
という方式で，暗記させることができます。

教科書の暗記指導は，英語力そのものをつけることと同時に，語彙力の増強に関しても効果的だと思います。

②単文テストをする

　語彙を増やす指導として，小テストを定期的に実施される先生が多いと思います。その場合，単語だけを問う問題ではなく，生徒が文脈の中でその単語の使われ方が理解できる方法，つまり，単文単位での出題がいいでしょう。その単文は，教科書の本文から抜き出したものでも良いし，副教材として与えている単語帳からの出題でも結構です。単語単位ではなく単文単位で出題されると，生徒は，自己表現で使える語彙力と同時に構文力を身につけることになります。

③機能語の指導

　英語の単語で覚えやすいものは，日本語の単語と英語の単語に「りんご＝apple」という風にほぼ1対1の対応があるものでしょう。しかし，具体物を見せることができないし，動作を示すことができないが重要な語に「機能語」があります。機能語でも1対1に近い対応がある等位接続詞（and，but，or など）は，比較的習得しやすいものです。しかし，大半の機能語は1対1の対応はありません。だから，機能語は単語毎に意味を教えて覚えさせるのではなく，文脈の中で機能語が使われている状態を見せることによって指導するのが一番有効です。つまり，機能語の習得は，単語として学習することと同時に，その語が使われている状況にできるだけ多く生徒を置き，理解できる英語の発話を聞かせたり，自己表現活動をさせたりすることが不可欠です。生徒は機能語が使われる様子を理解し，表現することによって機能語の役割を習得します。

　機能語の一つの前置詞の指導では，吉沢美穂（1981：95-96）が主張する指導法が有効です。in と on の指導方法を引用します。彼女は，教科書では in と on が別々に新出単語として掲載されていることに対して，以下の指導法を提案しています。

　「(教科書の) 行き当たりばったりの順序立ては，その後 in と on がで

> てくる度に，新しい意味として導入しなおす必要が出てくる。まず in が出てきた時，教科書に入る前に，場所を示す in，すなわち in the box のように，すっぽりと囲われている場合の in と，on the box のように表面に接している意味の on を対照して教えておけば，手から少しはみ出していても，in my hand，地図などで in America，抽象的なものを示すものとして，in the morning, in April と発展させるのは容易である。On も，平面的な on the table などから，on the wall, 抽象的になると，ちょっと指導すれば，カレンダーの中のその場所というような気持ちで，on Monday にまで発展させることができる。対照して教えるということはこの場合，in と on だけを対照させ，他の部分はまったく同じにすることである。たとえば，My pencil is in my hand. と My book is on the desk. を対照させるよりも，My pencil is in the box. と同じものを使って，My pencil is on the box. とするほうがよい。この場合使用する名詞は前の時間などに教えておくことが必要である。
>
> 　まず1本の鉛筆を箱の中に置き，My pencil is in the box. その鉛筆を箱から取り出し，箱の上に置き，It is on the box. と導入する。
>
> 　Box は，中の見えるプラスチックのものならなおよい。その他，bag, basket, などが有効である。導入が終わればあとは別々の物品を使って，This is a red pencil. It is on the desk. The black pencil is in the box. というような練習，さらに in my hand, on the wall などへ発展させることもできる。
>
> 　このように，位置を示す preposition の導入の場合は，物品を動かしながら発言し，まず，物品を必要な場所に置き，物品から手をはなし，改めてそれを指してから発言することに注意する。」

　上記の方法などを使って，前置詞の使い方を理解させることはできます。しかし，機能語は内容語とは異なり，使い方を理解させただけや意味を問うような単語テストでは，なかなか習得できません。機能語を習得させるために，文をつくることを中心とした自己表現活動などを多く行わせることが有効です。また，音読の練習も機能語の習得に有効です。同時

に，音読がきちんとできれば英語らしい発音ができますので，口頭による自己表現活動も活発になります。生徒がなかなか英語を話そうとしない原因の一つには，英語らしい発音ができないことがあげられます。とにかく，機能語の習得は，できるだけ多く英語の音読をさせると同時に，学習した英語を使って自己表現させることが重要です。また，暗記させる場合は，単語単位ではなく文単位で暗記させ，さらにその文を使って単語を置き換え自己表現させる活動をさせることが必要です。

(3) 一時的に記憶した語を受動的活動で使う段階

　頭の辞書の中に納められた語彙は，刺激を与えないと忘れられてしまいます。授業にプラスして，以下で紹介する活動を実施すると，語彙を定着させるのに効果的です。

〈速読指導〉

　中学校の高学年や高校で精読を目的とした授業を行うと，1時間の進度は，せいぜい教科書1ページということが多くなります。その場合，生徒が偶発的に学習する単語の量は少なくなります。それを補うために，授業の始めに行う速読指導が効果的です。

1）まとまりのある簡単な英文を（中3を担当している場合は，その生徒が使わなかった中2の教科書，高1であれば，中3の教科書の一部をプリントして）配付します。
2）配付したら，先生は，生徒が英文を目で追いながら理解できるように，すこしゆっくりしたスピードで，センスグループで軽くポーズをおきながら，プリントを読みます。
3）1回読んだら，その英文の内容に関してのしかも本文を使って答えられる簡単な質問を5つ程度します。生徒は質問に日本語で答えても構いません。
4）質問の後，希望があれば，文法等の質問を受けます。

　この速読練習は，10分程度でできますが，英文を早く読む練習と同時に，一時的に記憶した語の受動的活動時間を増やすのに効果的です。

(4) 自己表現活動で使う段階

　日本人が英語を使えないと言われるのは，学校教育が英語での自己表現の場を与えることに熱心ではなかったからです。文法や読解を中心にした授業は，学習者の受容語彙を増やすことには有効ですが，それを表現語彙に変えるには向いていません。以前は，入試も英文を書かせる方式があったのですが，最近は多肢選択式が主流になってしまいました。そのために，学校でも発表語彙の養成が軽視されがちです。やはり，発表語彙を増やすには，自己表現活動の場を多く与えることが最も効果的です。この自己表現活動について，この本では，ライティングやスピーキングのセクションで詳しく説明をしていますので，それを参照して下さい。ここでは，それらのセクションで扱わなかったことを紹介します。

①単文テスト

　前のセクションでも紹介した単文テストですが，単語集などの例文をそのまま出題すると，生徒の中には，例文の意味や文構造を深く考えずに丸暗記して点を取ろうと考えるものが出ます。このような学習ではあまり効果がありません。例文を少し変更して出題すると，文の意味を深く考えたりすると同時に，発表語彙の獲得に役立ちます。

　たとえば，以下のテストで，太字の文字がターゲットでしたら，次のような変更が考えられます。

1) He is a **famous** singer.	彼は有名な歌手だ。
2) Ed is **familiar** with Japanese customs.	エドは日本の習慣をよく知っている。
〈変更案〉	
1) He is a **famous** politician.	彼は有名な政治家だ。
2) Ed is **familiar** with Japanese law.	エドは日本の法律をよく知っている。

　単文テストは，終了後点検させ間違っていたら，構文を覚えていなかった，または変更の単語がわからなかったかを確認させ，復習させるとよい

でしょう。

②単語当てゲーム（p.65 の応用編）
1）生徒を 5, 6 人のグループにわける。
2）グループの数×10 個の単語を用意する。B4 の画用紙を半分にして細長いカードに1つずつ単語を書く。
3）グループ1の一人の生徒をクラスの前のイスにすわらせ，他のメンバーをその生徒の方を向いて座らせる。
4）座った生徒の頭上にカードを掲げる。その生徒に見せないようにする。
5）グループのほかのメンバーが出したヒントで，座った生徒は単語を当てる。　例）カードの単語：mother
　　　　　ヒント：　father, family, cooking, kind, beautiful など
6）座っている生徒が当てたら，次のメンバーと交代し，1）〜5）を繰り返す。当てるのが無理な場合は "I pass." といってもよいことにする。
7）与えられた時間内（2, 3分）にいくつ当てられるか数える。
8）当てられた単語の数をグループで競う。

　このゲームは，なんとかチームを勝たせるために，自分の持っている語彙で一生懸命表現しようとします。ゲームが終わってから「ああ，ああいえば良かったんだ」と，良い英文が浮かぶこともあると生徒が言います。受容語彙を発表語彙にできる練習です。

③単語帳で指導する
　受験の年になりますと，モチベーションが急激に高くなり，生徒は非常な力を出す場合があります。どうしても短期間で多くの単語を覚えたい場合，単語帳を使って覚える方法は昔から，教員と受験生に愛されていました。しかし，単語帳での暗記はなかなか効率的に覚えられなくて，挫折し，英語嫌いになることが多い方法ですのであまり勧められません。しかし，教員が止めてもそのやり方を踏襲する生徒は尽きません。止めても彼らが自分でやるのだからと突き放すより，少しは効果的な方法を教える方

が教育的でしょう。そういう場合のために，効果的な指導法を紹介します。ただ，このような短期ドリルは本当にせっぱ詰まった時期に2か月程度で終えないと，効果は薄れてしまいます。覚えるべき単語ですが，1日10単語きちんと覚えさせるより，うろ覚えでもいいから1日に70単語覚えさせて，それを7日間繰り返させます。後者の方が人間の記憶のメカニズム上，多く記憶が定着します。そして，さらに確かにするためには，かならず英文の日記や英作文をやり，その覚えようとしている単語をできるだけ使うよう指導すると，2か月で試験に出やすい単語を500語程度上積みすることができます。

Topics for Discussion

　上で示した4枚のカードを使うカードゲームの要領にならって，カードを使って，中学1年生に人称変化（I, my, me, mine など）を覚えさせるゲームの手順を考えてみましょう。

参考文献
吉沢美穂（1981）『教科書を使いこなす工夫』大修館書店

PART TWO

Developing Four Skills

4 技能別指導

Chapter 4 Oral Communication
オーラル・コミュニケーション

1. はじめに

2. リスニング
    - (1) リスニングとは
    - (2) リスニングの授業
    - (3) リスニングの問題形式
        - ①タスクとして
        - ②ディクテーション
    - (4) リスニング活動の前後
        - ①プレ・リスニング
        - ②ポスト・リスニング
    - *Topics for Discussion*

3. スピーキング
    - (1) スピーキングの新しい視点
        - ①正確さと適切さ
        - ②文法的結束性と意味的なつながり
        - ③談話能力
    - (2) スピーキングの授業
        - ①文法習得のための置き換え練習
        - ②対話を使った部分的置き換え練習
        - ③タスク
        - ④英問英答
    - (3) スピーキングの評価
    - *Topics for Discussion*

1. はじめに

　「英語が話せない」というのは，多くの人がもつ悩みです。そして，たいていの場合，それを学校の英語教育のせいにします。文法や訳読ばかりで役に立たない，というのです。ところが，日本人でも国際舞台で活躍している人をみると，学校英語を学んだ後，海外に出て英語を使う機会をもつようになった人たちです。その場合，学校の文法の知識が話せるようになることの基礎にあり，そのおかげで正しい文章を組み立てることができ，比較的短期間に意思伝達できるようになったのです。ですから，無駄であったわけではなく，指導が知識を詰め込む方に片寄り，使うことに配慮していなかった点が問題となります。その意味で，これからは指導をもっとコミュニカティブにすることが求められます。そのためには，第1部で見た語彙や文法の言語要素に関する知識をもとに，スピーキングやリーディングなどの言語技能としてそれらを効果的に使いこなすための指導が大切になってきます。この第2部では，この技能に焦点をあてます。英語で話すのが苦手な人が多い日本では英語を話すかっこうよさに気をとられがちですが，国際舞台で問題になるのは，話す中身です。結局は，内容で勝負になるのですから。第1部で発音や文法に関する国際的に容認される水準をクリアできたとして，それをもとにこの第2部では，言語技能に焦点を合わせます。つまり，「使える」ようになることを目ざすわけです。しかし，語彙や文法が完成していなければ技能に進めないのではなく，技能をやりながらそれらをさらに磨いていくという相補的な関係にあることを忘れてはいけません。

　いわゆる「4技能」は，次のように分類できます。

	受容技能	発表技能
話しことば	リスニング	スピーキング
書きことば	リーディング	ライティング

この表で大切な点は，文法や語彙はすべての技能に共通している点，および，スピーキングは口頭技能としてはリスニングと共通ですが，操作的には，発表技能としてライティングと共通する面が多いという点です。また，言語技能は「リスニングの授業」とか「ライティングの授業」というように便宜的に分けたりしますが，実践的コミュニケーション場面においては，それらが複合的に登場することを忘れてはいけません。たとえば，聞いた内容に関してレポートを書くというぐあいです。とにかく，それらの言語技能をとおして内容を伝達することが目標になります。

　その中でスピーキングとリスニングは，「オーラル・コミュニケーション」としてまとめることができます。それを授業で成功させるためには，教師の側の英語力と指導力が問われますが，子どもが母語を習得する場合のように，ただネイティブの教師が英語でしゃべっていればいいのではありませんし，また，生徒に勝手にしゃべらせておけば力がつくものでもありません。指導法として，できるだけ英語を使ってコミュニカティブにやっていく必要がありますが，急に自由会話をしても空回りしてしまいますから，ちゃんと段階を追って活動を発展的に組み立てなければなりません。最初に，型を身につけ，次にメカニカルな練習をし，さらには身につけた知識や技能を実践的に応用できるようにならなければいけません。

　また，いくらコミュニカティブといっても，やはり基礎力としての単語と文法をおろそかにしては，活動が空回りしてしまいます。知らない単語は何度聞いても雑音でしかありませんから。また，文法に関しても，ただ知っているだけではオーラル・コミュニケーションでは十分に機能しません。知っていることが時間的な制約の中でうまく使えないといけません。そのためには，やはり使うための練習を積んでおかなければ自動的に使えるようにはなりません。ですから，指導において認知的な理解と自動化の練習という２つの要素を結びつけることが肝心になります。

　そして，実際のコミュニケーション場面で問題に接したときにも，それにうまく対処できなければなりません。もし知らない単語に遭遇しても，そこでコミュニケーションがストップしてはいけません。自分がもっている力と知識をもとに，コンテクスト全体から推論するストラテジーを育て

ておく必要があります。

　最後に1点，よくある誤解として，「コミュニケーション」というとスピーキングとリスニングばかりに注目する傾向がありますが，書きことばによるコミュニケーションも無視できません。素早く電子メールを読み取って，その場ですぐに返事を書くというようなコミュニケーションも，日増しに多くなってきています。また，スピーキングにおいて，立っている間の挨拶レベルの日常会話をこえて，座ってからの内容的に豊かなコミュニケーションを目ざそうとすれば，リーディングで情報や表現を仕入れておくとか，ライティングで内容の構成についてじっくりと書いて練習しておくというような形で，4技能間の相互の関連も忘れてはなりません。

2．リスニング

(1) リスニングとは

　リスニングは受容技能ですが，受動的ではありません。聞こえてくる音の連続をもとに，意味のかたまりに分けながら，統語的な組み立てをつかみ，意味を構築していく能動的なプロセスで，積極的な作業が要求されます。また，長いものになると，文と文の結びつきをとらえ，話の筋を追っていくためには，知的に対処しなければいけません。よく聞こえなかった部分があっても，文脈全体から推論して内容的に整合性を持たせます。

　そのようなリスニングの活動で生徒にとって一番の問題は，スピードについていけないことでしょう。耳を慣らすためにはテープやCDなどを利用できますが，ただたくさん聞かせるだけではわからないものはやはり雑音でしかありません。Krashenは"comprehensible input"を与えることを強調しましたが，確かにインプットをたくさん与えるという点は日本の教室でもっと努力しなければいけませんが，しかし，ただそれだけで聞く耳が育つのは，24時間英語にさらされている子どもの母語発達の場合で，時間的に限られた日本の英語教育では，聞き方のストラテジーを訓練する必要があります。

　生徒はどのように聞いていけば，聞き取れるようになるのでしょうか。

まず，音声変化に慣れさせることでしょう。(⇒第2章「発音」を参照)それから，文レベルで構造的な手がかりをもとに，チャンキングの手法で意味の固まりごとにどんどん意味をとっていく練習をつむことが大切になります。その際，知らない単語に遭遇しても，うまくコンテクスト全体から意味を推論するようなストラテジーを育てておかねばなりません。たとえば，"can taking" と聞こえたとしても，それでは文法的におかしいのでもう一度聞き返してみると，"can't take in" なのだというふうに，意味的な整合性を持たせるのです。

さらには，長いものを聞いて筋を追う段階になると，そこでは選択的なリスニングが求められます。カギになるのは，論の展開のうえで重要な内容を選択しながら筋を追っていくことです。その場合は，情報を選択的に聞き分けなければいけません。最初は，耳から入ってくる音声のかたまりをボトムアップ的に処理し，組み立てながら意味をとろうとしますが，それと同時に，大切になってくることは，次に来ると思われることをトップダウン式に予測したり，全体の内容の整合性を確認したりする作業です。「あれ，おかしいなー」と思ったときには，フィードバックすることになります。また，騒音とかで部分的に聞き取れないときには，または未知語に遭遇したときも，前後の文脈または全体の内容から推論することになります。ときには，話全体の中から自分のほしい特定の情報を取り出す作業になります。たとえば，駅のアナウンスを聞いて，発車時刻がすでにわかっているとき，何番ホームから出るのかが聞きとれればいいわけです。

(2) リスニングの授業

リスニングの授業はテストの繰り返しであったり，先生はボタン押しに徹していたり，ALT をテープレコーダー替わりに使っているようなことがあるのではないでしょうか。テープを流した後テストをやり，解答して「合った，間違った」という形で進められることが多いようです。しかし，何が間違いの原因だったのかという分析はあまりしません。音声だからやりにくいということもあるかもしれませんが，それならスクリプトを利用して，音声変化をしていて聞きづらかったところに焦点を合わせて聞き返

したりすれば役に立つでしょう。また，たとえ答が合っていたとしても，問題の形式がT/Fだからできたものの，細かなポイントはつかめていない場合も多くあります。それゆえ，もう一度聞き返してきちんと内容的なフォローアップを与えることによって，理解を確実なものにしたいものです。

このように，解答の結果だけでなく，そこに至る聴解のプロセスに焦点を合わせると効果的になります。具体的には，統語的な切れ目でテープを止め，意味の固まりとしてとらえ，予測する訓練を与えたりするのです。そうすれば，先生はボタン押しに終始するのではなく，聞き方に関して助言を与えながら手ほどきをするコーチ役になります。何が生徒にとって難しく，どのようにすればその困難点を乗り切ることができるのかを心得ているのが，プロの教師でしょう。その点で，苦労して英語を身につけた日本人教師の方が，ネイティブよりも適しているといえます。

リスニングの素材でも，大きく会話的なものと論述的なものに分かれます。このふたつは英語の文体が異なるばかりでなく，論理構成も違います。前者は口語的な表現で文は短いが，省略なども多く，スピードは速くとんとん拍子で進んでいきます。会話的なキャッチボールに慣れなければいけません。それに対して，講義のようなものを聞く場合には，知的な内容と長さに対する耐性をつけておく必要があります。固い文体もうまく内容的に咀しゃくしながら話の流れをとっていき，とくに内容の展開に注意しなければなりません。そのためには，内容的に重要なポイントを聞きとる「選択的リスニング」ができるよう，ノート・テーキングの手法を練習すると効果的になりましょう。

また，耳だけからのリスニングではどうしても受け身的な授業になってしまいがちなので，ビデオを見ることによって，現実的で生き生きとしたものにすることができます。ふつうのコミュニケーション場面では，表情やジェスチャーが意味を伝える重要な要素になります。場面や人物の動きからいろいろな情報が得られ，理解の助けになるので映像は有益です。しかし，逆に映像からわかってしまうことも多いので，それをリスニング力と間違えないように注意しなければいけません。

(3) リスニングの問題形式
①タスクとして

　問題形式として，T/F や多肢選択問題ばかりだと，生徒はどうしても受け身的な学習になってしまいます。正しい答を選べる力は，必ずしも自分で筋書きをとらえることができる力にはなりません。部分的な情報だけ断片的に正解できても，全体のポイントがわかっていないとか，論の展開がつかめていないということがよくあります。そこで，リスニングをもっと現実的な活動と結びつけて，明確な目的をもったリスニング・タスクに仕組み，内容理解にもとづいて何かの作業をさせると効果的になります。たとえば，information gap を利用したタスクとか，聞きながら地図をたどっていくとか，電話を受けて伝言をメモする，というような活動が考えられます。そのような活動だと生徒もおもしろがり，内容中心の生き生きした活動になってきます。

　〈電話スクリプト〉

> Hello, Susan. This is Mike. Can I speak to Bill ? Oh, I see. Then could you take a message ? Bill and I were going to see tomorrow morning but I am afraid I have a fever now. I am going to call him back as soon as I return from the hospital. So he doesn't have to call me. OK ? My phone number ? I think he knows it. All right. Just in case. Are you ready ? 752-2548 Did you get it ? OK. Thank you, Susan. See you, then. Bye.

②ディクテーション

　ディクテーションには文全体を書き取らせるものから，談話のあちこちを空所にして部分的に書き取らせるものもあります。どれぐらいのスピードで何回聞かせるか，またどのように採点するか，というような問題があります。3回聞かせるというのが定説で，1回目と3回目はナチュラル・スピード，2回目は書き取れるようにゆっくり目の速度にして，ポーズを入れます。一字一句正確に書き取ることが要求されはしますが，内容理解を促進または確認するためのリスニング活動であることを忘れてはいけま

せん。できる生徒は，間違いがあっても全体の内容はたいてい通じるのに対して，できない生徒の場合，音が似かよっているだけで，意味的には支離滅裂であることが多くあります。採点にあたっても，ミスの数を数えて減点法でやると，マイナス５点とかになってしまったりします。文構造ができていて，ちゃんと意味が伝わる文になっていれば，多少のスペリングのミスは大目に見てもいいでしょう。

ディクテーションの誤りの例

対象生徒　　中学１年
テキスト：*NEW CROWN ENGLISH SERIES 1*（Lesson 6, 三省堂）

〈テスト内容〉

> 1．Nice to meet you too.
> 2．You are a good singer.
> 3．Are you a soccer fan?
> 4．You're welcome.
> 5．Do you have any marbles?
> 6．What do you have in your hand?
> 7．I play soccer there.
> 8．Do the students change rooms?

- すべて教科書にでてきた単語である。文もほとんどそのままである。（8．は，教科書では The students change rooms in the USA. であった。）
- 読み方は"natural speed"で（２回ずつ）。

〈間違い例〉

1	①	Nice to meet you.
	②	Nice to meet to too.

	③	Nice to me you too.
2	④	You are good singer.（多）
	⑤	Your good singer.
	⑥	You are goot singer.
	⑦	You are an good singer.
3	⑧	Are you a soccr/soccre/soccor fan.
	⑨	Are you soccer fan ?（多）
	⑩	Are you a soccer fun ?
4	⑪	You're wellcome/welcme.
	⑫	Your welcome.
	⑬	You'er welcome.
5	⑭	Do you have any mables/marbors ?
	⑮	Do you have a marbles ?
	⑯	Do you have many marbles ?
6	⑰	What do you have your hand ?
	⑱	What do you have in youre hand ?
7	⑲	I play soccer their.（多）
	⑳	I play soccer they're.
	㉑	I play soccer day are.
	㉒	I play soccer they.
	㉓	I play soccer they are.
	㉔	I play soccer dere.
	㉕	I play soccer.
	㉖	I play soccer their.
8	㉗	Do the students change room ?
	㉘	Do the students chage/chang/chenge/chinge/chainge/cainge rooms ?

㉙	Do the students choose rooms ?
㉚	Do the student changes rooms ?
㉛	Do the student change rooms ?

〈間違いの分類〉
上の間違いを分類すると，次の6種類に分けられます。
1）弱い発音の語をぬかす（①④⑨⑰㉕）
2）同/似た音の語と間違える（⑤⑫⑮⑱㉖）
3）スペリングミス（つづりを知らない）（⑥⑧⑩⑪㉘）
4）音の変化をききとれない（②）
5）文法力がない（㉗㉚㉛）
6）勉強したての語を思わず書いてしまう（⑲㉙）

〈対策〉
　そのような誤りに対して，以下のような対策が考えられます。
1）スペリングの練習を重ねる
2）基本的な文法の力をつける
　　student と students は聞きわけるのが難しいが，その前後にくる語でわかる。Do the のあとは students, changes の前は student など
3）meet you の音の変化などに注意を払う（第2章「発音」を参照）
4）意味を考えながら聞く
　　I play soccer there. their, they are など意味を考えれば違うことが分かる

(4) リスニング活動の前後
　教室ではリスニングと称して，教科書を開いたまま，文字を見ながら付属のテープを聞かせることがよくあります。ところが，これはあまり耳の訓練にはならず，かえって話されるスピードで意味理解ができれば，速読

の訓練に適すことになります。リスニングにつなげるためには，一応の内容理解活動が終った後に，文字を見ないで耳だけに集中して聞いてわかるようにしておくことが大切です。同様に，予習に関していえば，逆説的になりますが，実践的に対処するストラテジーという観点からは予習しないでまったく新しい素材に取り組む方が効果的です。しかし，そうした場合でも，やはり最後は，知らなかった単語とかはちゃんと調べて整理しておかないと，自分の力を伸ばすことにつながりません。次に遭遇したときにはわかるようにしておきたいものです。

①プレ・リスニング

　リスニング活動をする前に，そこに登場してくる難しい語句を予習し，話題を導入しておくと効果的になります。語句はあまり欲張らずに，本文の内容理解にとって重要と思われる語句に限り，意味だけでなく音声と一緒に提示しておくといいでしょう。また，話題への導入はスキーマの活性化につながります。簡単な表や絵図を使って導入したり，いくつか質問を投げかけるだけでも役立ちます。そのトピックに関する背景的知識が喚起され，聞く上でも予測が働き，理解が促進されることにつながります。このふたつのプレ・リスニングの作業をあまり時間をかけない形でやるとよいでしょう。とくにリスニング前のウォームアップ活動では，語句の意味だけではなく，音声で聞いて確認できるようにしておくことがあとの活動にとって重要になります。

②ポスト・リスニング

　聞き終った後，スクリプトを利用して，自分がリスニングで聞き漏らしたり，聞き誤っていたところを確認し，補強させたいものです。とくに，論の展開など，聞いたときには細かい点まで正確にはわからなかったことも，文字で確認して理解しておく必要があります。同時に，わからなかった単語などもちゃんと調べて整理し，語彙の拡大をはかりましょう。

　さらに，リスニングの活動を聞くことだけに限定しないで，聞いた内容をもとに別の活動に発展させ，授業を総合的に展開することもできます。たとえば，対話練習，ディスカッションという口頭の活動だけでなく，ま

とめの作文を書いたり，さらに関連する英文を読んだり，などと発展させることができるでしょう。そうすると，本当に内容中心の言語活動になります。

テキスト：*LIVING ENCOUNTER*
　　　　　Oral Communication I（秀文館）

What do you think ?

In Japan, passing a college or university entrance exam is quite difficult, but students who are accepted can almost always graduate. In the United States, however, examinations used to determine entrance are not so difficult but students who are accepted must work hard to graduate. While the practice of each oountry has its own advantages and disadvantages, in this lesson please give your opinions about college and university entrance practices in both Japan and the United States, and express them clearly.

〈指導例〉
1．次のような用紙を配布する。

name：＿＿＿＿＿＿＿＿＿＿＿＿＿＿＿＿＿＿
note：
my opinion：

What do you think ?

2．上の文を聞かせる。生徒はメモをとってもよい。
3．聞いた内容について自分の意見を書かせる。(my opinion の欄)
例1) I think the Japanese system is better, because the college students can do what they really want to do during the four years. In many cases, they can't use their time freely at any

other time in their whole life.
例2) Of course the American way is superior. Japanese college students are just wasting their precious time. They play around or have a part time job. They don't do what they are supposed to do most.
4．用紙を集め，生徒に自分の用紙が行かないように再度配布する。
5．生徒に次のように指示する。
　① 回ってきた用紙の意見を読む。
　② What do you think ?の欄に，①に対する意見を書く。
　③ 再度違う生徒に用紙を渡し，意見を書かせてもよい。
　④ 元の生徒にもどす。
6．生徒は自分の用紙に書かれた，他の生徒の意見を読む。

Topics for Discussion
(1) 生徒がリスニングができない点を例示してみましょう。
(2) 生き生きしたリスニング活動を考案しましょう。
(3) ディクテーションの利用法を検討しましょう。
(4) 理解をチェックするためのリスニング・テストを作成してみましょう。

3．スピーキング

　「英語は読めるけど話せない」という形で，スピーキングはいかにも一番難解な技能のように考えられがちです。しかし，子どもの言語発達を見ても，文字より話す方が先に発達し，ある意味で話すことは慣れの問題です。外国語学習の場合，英語を使う，とくに話す機会がないために，その伸びが鈍いのです。教室でできるだけ多くの発表の機会を設けたいものです。インプットだけ与えても話せるようになることは期待できませんから，アウトプットの練習も与えなければなりません。

教科書にある会話をペアで読ませて，それでスピーキングの練習をやったことにしているのではありませんか。それでは読みの口ならし練習でしかなく，自分の意見や相手に伝えたい情報を表現してはじめて本物のスピーキングになります。生徒は日本語でもちゃんと言えないのに，英語ではさらに無理だとあきらめていませんか。それならば英語を通して生徒たちの自己表現力を伸ばしてやろうと，プラス思考したいものです。

　まず，スピーキングのプロセスを見てみますと，その能力としての発音，語彙，文法が必要です。発音は，まず誤解を招くような発音を克服し，国際的に理解される域にまで達していることが求められます。そして，語彙の力をもとに文を組み立てて，なめらかな発話に結びつけていかないといけません。単語を知らないと適切に表せませんし，文法の力が知識にとどまっていては，文を組み立てるのに時間ばかりかかってしまいます。それらの能力が一応そろったとしても，実践的コミュニケーションではそれらがうまく総合的に作動して，内容に焦点が移ることが必要です。スピーキングでは，言いたい内容を表すのに頭の中で一種の英作文をするわけですが，それに要する時間をできるだけゼロに近づけることが目標となります。

　ある日起きたら，急に英語が流ちょうに話せるようになっていたらいいなあ，というような夢を見る人がいますが，外国語学習においてはそのようなことはあり得ません。時間的なプレッシャーの中でなんとか文をつくり出す苦労を重ねて，徐々に伸びていくものです。ですから，しっかりとアウトプット練習を積まなければなりません。Krashen はたくさんインプットを浴びせればスピーキング力は自然に育つものであると提唱しましたが，インプットの限られた外国語学習ではなかなかそうもいきません。かといって，いっぺんに自由会話といってもできるわけはありませんから，日頃から少しずつでも訓練していかねばなりません。しかし，すべての文法事項の学習が終るまで待たなければならないというようなことはなく，常にそれぞれの発達段階で表現練習を組み込むことが大切です。

(1) スピーキングの新しい視点
①正確さと適切さ
　スピーキングで大切なことは，まず正確さということがベースにあります。カタカナ発音で誤解を招いてはいけないし，文の構造がめちゃくちゃでは相手にわかってもらえません。さらに，なめらかにコミュニケーションを進めていくためには，発話の正確さだけでなく流暢さ（fluency）が求められます。一言をいうのにあまりに時間がかかっては，相手のフラストレーションがつのりコミュニケーションに支障をきたしてしまいますし，また，あまりに平淡な日本語式のリズムだとわかりにくくなってしまいます。

　そのあたりの正確さとなめらかさのミニマル・エッセンシャルズがクリアされていれば，つぎに配慮しなければならないのは，「適切さ」（appropriateness）です。表現は文法的に正確であるばかりでなく，社会的に適切であることが求められ，場面や相手にふさわしいものでなければなりません。話しことばの場面で，分詞構文は固すぎますし，目上の人に，"Once more."では失礼に当たります。I beg your pardon?と上昇調で言いましょう。ていねいさを表すには，仮定法のもつ働きになじまないといけません。依頼文ならPlease ～だけでなく，Would you ～?と婉曲に表すことにより，ていねいさを表すことができます。もしそう尋ねられて断るときも"No, I can't."ではぶしつけになるので，"I'd like to, but ～"というようにすれば，相手を傷つけることなく人間関係もスムーズにいくでしょう。

> Would you like to come to the party?—No, I can't. ⇨ I'd like to, but unfortunately I am busy that evening.

文体のもつ表現の固さ（formality）にも注意しないといけません。

> Being tired, I went to bed early. ⇨ I was so tired I went to bed early./I went to bed early because I was tired.

上の3つの文を比べてみると、分詞構文を使った最初の文は非常に固いので、日常会話ではやわらかい表現が適します。

②文法的な結束性と意味的なつながり

また、話しことばの特徴として、Where did you go ?と尋ねられた時、To the station.というような省略形が一般的に用いられます。この場合、省略しても十分に内容は伝わり、その方が的をえています。完全な文で言うとかえってしつこくなってしまうからです。また、Would you like to come ?と誘われたときに、文法的に正しいYes, I would.ではしぶしぶ承諾するような印象を与えますので、Yes, very much.という方が前向きな気持ちが伝わります。このような違いは、「文法的な結束性」(cohesion)に対して「意味的なつながり」(coherence)と呼ばれ、実践的なコミュニケーションにおいては意味的なつながりの方が大切になってきます。たとえば、Can you pass me the salt ?という質問文にたいして、文法的に対応したYes, I can.という答えよりも、社会的な働きの上で対応したHere you are.という表現の方が、的をえた適切な応答になります。つまり、能力を尋ねているわけではなく、ファンクションとして「依頼→承諾」という対応があるからです。

> Will you write it down ?—No, I can't. ⇨ Sorry, my pen is broken.

③談話能力

そのような社会言語学的能力（sociolinguistic competence）に加えて、談話能力（discourse competence）と呼ばれる要素は、英語的な論理の構成にかかわるものです。たとえば、What do you think of 〜 ?と聞かれたとき、Many people in Japan think...などと回りくどく言うと、What do YOU think ?と詰問されてしまいます。スピーチでも、英語では結論を先に述べて、その理由をあとから説明するというような論理構成をとり、結論が最後にくる日本語の談話構造とは逆になります。このこととの関連で、直訳の危険性がひそんでいます。たとえば「ところで〜＝By the way, 〜」にならないことに注意しないといけません。「ところで〜」

を枕詞にして本論を持ち出す日本語にたいして,英語の By the way はあくまでも付け足し的な情報を導入する表現でしかありませんから。

　談話の構成が日英語で違うことを表すいい例が,スピーチです。結論が最後にくることが多い日本語に対して,英語では次のように冒頭に述べ,その理由を説明していくという構成をとります。[⇨ スピーチに関してくわしくは第10章を参照]

> I am against introducing the summer time in Japan for the following three reasons. First of all, ...

　スピーキングは,究極的には内容です。相手を説得するのは,発音のかっこうよさではなく,内容のよさですから。異文化コミュニケーションの観点から,とくに情報の量と質の問題が重要になります。つまり,相手が求めている要求に応じた量の情報を提供し,しかもその内容を的確に構成することです。そのため,日本の文化を知っていること,世界の常識を備えていることが背景にあって,その上でそれを相手に伝えようという意欲が求められます。自分が説明できないものだから It's too Japanese. といって,国際理解への努力を放棄するような態度は望ましくありません。もし,単語でつまっても,何とか知っている力を駆使して,パラフレーズしたりする方略が求められます。「コミュニケーション方略」とか「方略的能力」と呼ばれる要素です。

　日本人のスピーキングの特徴として,積極的な質問が少ない反面,I see. が多いことに注意したいものです。これはたいていの場合,Uh-huh. とか Really ?/Is that so ? のような軽いあいづちで十分です。I see. は何か新しい知識を初めて学んだときの納得の表現ですから,重すぎます。同じように,I'm sorry. が多いことも,「すみません」の直訳に由来して,とても不自然に聞こえます。多くの場合,Thanks. ぐらいの軽い表現で十分です。

　異文化間コミュニケーションの上での知恵として,文化的な対比が役立ちます。たとえば「センター試験」を説明するのに,日本の大学入試制度全体を説明していては日が暮れてしまいますから,そんなとき相手がアメ

リカ人だったら It's like the SAT. といえば一発でわかってもらえます。文化的に対応するものを心得ていると，それだけでわかってもらえるので効果的になるわけです。

　日英語の発想の違いには特別な注意が必要です。英語学習の最初から問題になってくるのは，日本語では一般に数を明記しないということです。「蛙飛び込む水の音」というのは一体何匹なのでしょうか。また，連語（コロケーション）として，動詞と目的語を一緒におぼえておくと使えることにつながります。とくに，日英語でずれがある場合「スープを飲む＝eat soup」など有効です。さらに，「手が回らない」という表現は，どこかに腕をぶつけて本当に回らない場合と，比喩的な意味合いがあります。後者の場合，「手が回らないほどに忙しいのだ」と一旦その本音を解釈し，extremely busy とか too busy と表すわけです。つまり，「和文和訳」という手法です。もとの日本語の表現の意味合いを考えて，いったん英語に直しやすい別の日本語表現にかえるのです。[⇨ 和文和訳については第6章「ライティング」の p.124 を参照]

(2) スピーキングの授業

　スピーキングの練習は，操作練習からコミュニケーション練習に至るよう，段階的に構成されなければなりません。まずは repetition practice（反復練習）のような機械的なレベルがあり，そこでは特定の文法事項が使え，なめらかに発話できるようになることが目標となります。とくに，How do you do? のような定型表現は，分析しても意味がありませんので，そのまま定型句としておぼえて自動的に使えるようにしなければなりません。よく教科書で For Study という形で，暗唱すべき例文として並べられているのは，多くがこの部類に入ります。

What's the matter?
I beg your pardon?

　ところが，そのような丸暗記型の学習は，決まり文句には効果的ですが，文法構造を理解した上，応用して使えるようになるのには不十分で

す。ただおうむ返し的に繰り返しても，その構造の仕組みが理解できていなければ，応用して産出できるようにはなりません。そのような文法の型を練習するのに適しているのが，pattern practice（文型練習）です。It is (important) to (learn English).というような文型を，いくつもスピードをもって置き換え練習することによって，習慣形成をして自動的に使えるようにするわけです。

①文法習得のための置き換え練習〈まずなめらかにするため〉

> 1．語レベルの置き換え練習
> 　　Could you tell me how to get to the station?
> 　　　　　　　　　　　　　　　　　　　the post office?
> 　　　　　　　　　　　　　　　　　　　the City Hall?
> 　　　　　　　　　　　　　　　　　　　the nearest bus stop?
> 　　　　　　　　　　　　　　　　　　　the police station?
>
> 2．句レベルの置き換え練習
> 　　I'm looking forward to meeting you.
> 　　　　　　　　　　　　　　hearing from you.
> 　　　　　　　　　　　　　　visiting Kyoto next month.
> 　　　　　　　　　　　　　　seeing that movie.
> 　　　　　　　　　　　　　　going swimming in the sea.
>
> 3．文法項目レベルの置き換え練習
> 　　If I were　a bird,　 I could　fly to you.
> 　　　　　　　rich　　　　　　　　buy a big house.
> 　　　　　　　an American　　　　speak English fluently.
> 　　　　　　　you　　　　　　　　do it easily.

教室でよく対話形式になった会話を使って，ペアで役割を決めて練習しますが，その際もただの読み合わせの練習に終らないよう注意しなければいけません。生徒がどれだけその役になりきれるのかが習得のカギになります。感情をこめ，動作をつけてやったり，または部分

的に自分のことや自分の言いたいことで置き換えたりしてやると, 少しずつ自己表現力が伸びることにつながるでしょう。

②対話を使った部分的置き換え練習〈あったまった段階で〉

テキスト：*SELECT Oral Communication* I（三省堂）
　　　　　Lesson 9 Shopping（p.61）

A：May I help you ?
B：Yes, I'm looking for a sweater.
A：What size do you wear ?
B：Medium, please.
A：How about this blue one ?
B：It looks good. How much is it ?
A：It's a hundred dollars.
B：OK, I'll take it.

商品リスト（店員用）

1	L	blue	$30	7	M	blue	$100	13	S	blue	$30
2	L	blue	$90	8	M	blue	$20	14	S	blue	$40
3	L	red	$50	9	M	red	$40	15	S	red	$25
4	L	red	$80	10	M	red	$50	16	S	red	$50
5	L	gray	$50	11	M	gray	$40	17	S	gray	$30
6	L	gray	$80	12	M	gray	$50	18	S	gray	$60

〈指導手順〉
1．テキストにある対話を練習する。
2．生徒をペアにする。
3．客役の生徒は自由に買いものの内容を決める。
4．店員役の生徒はリストを見ながら答える。

5．交換して再度対話練習する。

③タスク

そのあたりまでの学習活動によって文を作り出す力をつけたあと，発展的な応用練習として，内容中心の言語活動が求められます。はっきりした目的をもったタスクをやる中で，それまでに学習した単語や構造は，言いたい内容を伝える中で自然に使われることになります。つまり，焦点はhow to say it から what to say に移行し，意味内容を中心にコミュニケーションの目的を達成することが課題になります。

アパートの住人を探せ！

【目的】楽しんで気楽に英語を使わせる。
【用途】「位置関係を表す表現」(on my right, on my left, below us, above us, between the two boys など) の練習と定着。
【内容】1つのアパートの住む9家族の配置を，それぞれ隣人に対する不平不満をきいて当てるもの。
【やり方】1．生徒をグループにわける。構成人数は8人が理想的。少なくてもかまわないが，9人以上にはならないようにする。
2．アパートの配置図を配る。(ひとり一枚)
3．ひとりずつ，住人のカードを配る。8人より少ない場合は，ひとりに2人割り当てる。生徒は，与えられたカードの住人になってゲームを行う。
4．カードを見せ合わず，指示された表現（太文字部分など）を使うことにより，アパート全体の住人配置図を完成するよう，生徒に指示する。

例) Anne: Hello. Can I ask where you live in this apartment house?
Susan: Sure. I live between Gilbert and Julie. My room is on the second floor. Where do you live?

【もうひと工夫】
1. 言うまでもないことだが，与えられる情報によって，活動の難易度は簡単に高くも低くもなる。例を次のページにあげてある。自分の生徒の状況に合わせて工夫の余地が無限にある。
2. 年1回のクリスマスパーティの会場にて。日ごろ交流がうすい住人達が自己紹介をしている，という設定にする。

【お薦めの点】
1. 所要時間は20分程度かかる（グループにより，大きな差が出る）が，生徒は夢中になって取り組む。多少日本語になっても目をつむろう。「あなたの問題はなんだったっけ？」と日本語で聞かれた生徒も，答えるときは"I am angry with the couple living next to me...."などと（カードを見ながらなので）英語で答えることができる。
2. 自分の英語のミスも，相手のミスも気が付かない。情報を集めることに熱中しているから。

PEOPLE IN THE APARTMENT HOUSE

A	B	C
D EMPTY	E	F
G	H	I

People in This Apartment House

	information	room
Mary		
Bill		
Gilbert		
Ann		
Susan		
George		
Ken		
Julie		

これは生徒全員に配布。

APARTMENT HOUSE 1

Mary-----I live on the third floor.
   Nobody lives below me.

Bill-----I live between Mary and Gilbert.
   I want to move to the empty room beside Anne.

Gilbert-----Nobody lives on my right.
   Nobody lives above me, either.

Anne-----Nobody lives on my left.
   Ken lives below me.

> Susan-----I live between Gilbert and Julie.
> 　　　　My room is on the second floor.
>
> George-----I live on the first floor.
> 　　　　　Nobody lives above me.
>
> Ken-----George lives on my left.
> 　　　Anne lives above me.
>
> Julie-----A girl lives above me.
> 　　　　A handsome boy lives on my left.
> この用紙は人物ごとに切り離し，それぞれ生徒に配布する。

④英問英答

　教室で生徒にスピーキングの機会を与えるのに一番手近な方法は，英問英答です。教師が英語で質問をして，生徒に英語で答えさせるやり方です。導入部で"Did you have a nice weekend ?"と聞いたり，教室活動の中で"Have you finished the work ?"と尋ねたり，読んだ英文について内容理解を確認する質問をしたり，というぐあいにいろいろの状況が考えられます。それらの質問は，Did you 〜 ?のように Yes/No で答えられるような比較的やさしいものから，Why do you think so ?とか What do you think of 〜 ?というふうに理由や意見を問う，より高度な質問にわけることができます。教室現場ではそれらを適宜使い分けて，易から難に進むよう，また，個々の生徒の力にマッチしたような質問形式に仕立てる必要がありましょう。

　教師主導の授業展開では，質問するのはいつも教師で，生徒は答えるだけ，しかも短い語だけでポッツリ言うという形が多く見かけられます。これに慣れてしまうと，生徒はますます受け身的になってしまい，よきコミュニケーターになれません。何を質問したらいいのか考えることがないので，質問文を作ることもできなくなってしまいます。互いに質問しあうよ

うな双方向のやり取りがないと，コミュニケーションは続かないし，豊かになりません。ここで積極的にコミュニケーションを図る態度が求められるわけです。相手から情報を聞き出そうとする好奇心や積極的な態度が求められると同時に，答える側としては，「プラスワン」練習というような手法が役立つでしょう。たとえば，"Did you watch the soccer match ?" に対して，ただ "Yes, I did." と答えるだけではなく，さらに1文プラスして "～ It was very exciting." をつけるわけです。

plus one dialogue

テキスト：*ONE WORLD* English Course 1（平成9年度版，教育出版）
　　　　スキットをしよう（p.59）

Mrs. House：	Excuse me.
Mr. Day：	Yes ?
Mrs. House：	I want that cap.
Mr. Day：	That blue one ?
Mrs. House：	No, that red one.
Mr. Day：	O.K.
	Here you are.
Mrs. House：	This is too small.
Mr. Day：	How about this one ?
Mrs. House：	This is good. How much is it ?
Mr. Day：	I don't know. I don't work here.

〈指導手順〉
1．CDを聞かせる
2．音読練習
3．新出語の練習
4．日本語による対話
5．感情を込めてスキットを演じさせる

> 6．Mrs. House と Mr. Day のせりふを1つずつ付け加えさせる。
> 　　例1）Mrs. House：　Oh, I am very sorry.
> 　　　　Mr. Day：　　That's all right.
> 　　例2）Mrs. House：　That's OK. Ask a shop clerk.
> 　　　　Mr. Day：　　OK. Excuse me! How much is this cap?
> 　　例3）Mrs. House：　Your suit looks like the uniform of this shop.
> 　　　　Mr. Day：　　Really? I would like to work here.
> 　　例4）Mrs. House：　Where is the clerk?
> 　　　　Mr. Day：　　She's in the shop next door.
> 7．発表させる。
>
> 　できるだけ多く話す機会を与え，双方向のやり取りを練習するのに，ペアやグループでのスピーキング活動が役に立つでしょう。そうすれば，すべての生徒に話す機会が与えられ，質問する役も必要になってきます。英語での活動ですから，日本語は厳禁とし，ひとりずつ順番に自己紹介するというような退屈な形式は避けたいものです。活動がインタラクティブになり，相手から何かを聞き出したり，相手の発言に対して反論が出たりすれば生き生きとしてくるでしょう。このような活動では，先生はコンサルタント役でグループを回ってみて，ちゃんと英語でやっていることを確認するだけでなく，質問に答えたり，時にはグループの話題に参加しても面白いでしょう。

(3) スピーキングの評価

　生徒に話すことを促す上で，通常の授業の中で積極的な態度，プラスワン的な情報を求めるだけでなく，それがテストにおいても反映されなければいけません。テストで，実際に一人ひとり話させるのは難しいでしょう。ふだんの授業の中で，英語での受け答えを平常点としてつけておくことが考えられます。定期試験のようなペーパーテストにおいては，正確さ，なめらかさだけでなく，内容面も考慮しなければいけません。とくに

上級で内容中心の活動の場合，配点も内容に手厚くなるでしょう。

具体的にスピーキングを念頭においた表現のテストの採点を考えてみましょう。採点の際に文法的なミスを数えて減点していくようなやり方では，たくさんしゃべった方が損をしてしまいます。その代わりに，内容中心の加点方式で，積極的に伝達する態度を育てたいものです。3点配点されている問題で，必要な情報があれば3点とし，より豊かな内容がついていれば1点加点して4点とするわけです。

What is Naoto planning to do this summer ?
　―He is planning to go to England.（3点）
　―To go to England to study English.（4点）

また，誤りにも，意味内容に影響を与えるような誤りと，ちょっと三単現のsが落ちていたというような場合とは違います。前者のような全体的な誤り（global　error）は深刻ですが，そうでない局所的な誤り（local error）の場合は，内容中心のスピーキング活動の場合，無視してもいいのではないでしょうか。全体的な誤りに含まれるものには，時制の誤りや接続詞の間違いなどがあります。もちろん，三単現のsについて習ったばかりで，そのためのスピーキング練習をしているときは，話は違います。
[⇨第12章「評価」参照]

※注：スピーキングへのステップとしての英作文練習

スピーキングは，発表技能としてライティングと共通した技能です。ひとつ違うのは，スピーキングでは時間的制約があるのに対して，ライティングではゆっくり取り組めます。その違いを利用して，スピーキング技能を伸ばすために英作文活動を利用すると効果があります。[⇨　この点についてくわしくは第10章の「スピーチ」の項を参照]

Topics for Discussion

(1) 生徒に話させるための工夫について，意見交換しましょう。
(2) スピーキングのための練習法について，具体的な指導を考えてみましょう。

(3) スピーキングの活動を具体的に紹介しましょう。

参考文献
岡秀夫（編）(1984)『英語のスピーキング』大修館書店
岡秀夫 (1994)「スピーキングとオーラル・コミュニケーション」小池生夫
　（監）『第二言語習得研究に基づく最新の英語教育』大修館書店
岡秀夫（監）(1999)『オーラル・コミュニケーション ハンドブック』大修館書店
高橋正夫 (2000)『実践的コミュニケーションの指導』大修館書店

Chapter 5 Reading
リーディング

1. リーディングとは?

2. リーディング技能を考える
    (1) 英語の語順そのままで意味をとる
    (2) 類推・スキーマの活用
    (3) 教室での指導
    Topics for Discussion

3. リーディングの教室指導
    (1) リーディング指導の全体的な流れ
    (2) プレ・リーディング
    (3) リーディングのプロセス
        ①未知語の類推
        ②整合性のチェック
    (4) リーディングのプロダクト
    (5) ポスト・リーディング
    Topics for Discussion

1. リーディングとは?

　リーディングの授業は日本語に訳すことが目的で，訳せたらすべての教室活動は終っているのではありませんか。そうすると，そのような指導を受けた生徒は，逐語訳的に訳す作業が英語を読む活動だと思い込んでしまいます。その結果，生徒は日本の伝統的な英文和訳中心のテストには対応できても，TOEFL のような国際的なテストで，多量な素材を限られた時間内で効果的に読むことが要求されるようなテストには対応できません。問題文さえも最後まで読み切れなかったりしますから。それゆえ，訳読中心の誤った学習態度を早い時期に一新し，正しいリーディングの習慣が身につくように導いてやるのが，教師の大切な役割になります。

　そこで，まず，リーディングにおける読解活動とは何なのかを考えてみましょう。その目的は，ただやみくもに日本語に置き換えるのではなく，「書き手の意図をつかみ，自分の目的にあった情報をとること」といえましょう。スピードをもって，効果的に内容をつかむことが大切になります。そのためには，訳さずに，英語そのもので直読直解できるようになることが目標となりましょう。訳は，内容理解の確認のひとつの手段でしかありません。指導法のパラダイムを，訳す作業としての読解から，内容を読みとるリーディングへシフトしたいものです。

　そして，最近はリーディングの活動を受け身的なものとみなさずに，読み手とテキストの相互作用であるという考えが一般的になりました。つまり，読み手が内容をとろうとするときに大切なことは，文字どおりの意味だけでなく，書き手の本当の意図をとることです。また，読むことは一語一句すべてを理解するだけではなく，自分の目的にあった情報を適確に取り出すことです。読み手は，自分の目的に合わせて読みのスピードや理解の程度を調節していくことが必要になります。たとえば，レシピーでは食材の量と料理時間などを正確に理解することが最も肝心になります。Skimming（大意把握読み），scanning（情報検索読み）と呼ばれるようなリーディング活動の場合，求める情報を迅速につかむことがカギになります。メジャーリーグの記事で，さしあたって昨日の松井の結果が知りたけ

れば，それに関連する情報をすばやくとることが課題となりましょう。

　精読だからといって一語一語逐語訳をしても，書き手がいったい何を言いたいのか，内容のポイントをつかめない生徒がよくいます。それでは，リーディングの目的を達したことになりません。重要な情報を選びながら，書き手の意図をとることが肝心になります。多読や速読になってくると，スピードをもってそのような内容の展開をどんどん追っかけて読み進むことになります。探偵小説を読んでいるとき，早く事件の展開を知りたいですよね。

2．リーディング技能を考える

　それでは，内容を読みとるリーディングのために必要なことは何でしょうか？　それは，「言語要素の知識をもとに，読みのストラテジーを駆使して意味理解に迫ること」といえます。

(1) 英語の語順そのままで意味をとる

　まず，語彙，文法の力をもとに左から右へ意味の固まり（チャンク）でどんどん意味をとっていくことが大切です。

> My father asked me/to 〜：「どんなことを頼んだのかな？」と思って読み進む。
> I happened to watch an interesting program/which 〜：「どんなプログラムだっかのかな？」

　このような例からわかるように，この意味の固まりは，黙読するさいにひと固まりでとらえるべき単位（"eye span" 視覚域）であり，音読するときには一息で読む単位（"sense group" 意味の単位）になります。そうしながら，次にくるべき内容を予測しているわけです。

> It was not until 1999/that 〜：「1999年になって何が起こったのかな？」

このような場合に，関係代名詞を「～したところの…」というぐあいに後ろから戻って訳していたのでは，英語の読みの流れが分断されてしまいます。同様に，強調構文だからといってよろこんで後ろから戻る形で「～したのは…」とやるといけません。日英語の語順が違うので，和訳は英語のリーディングの邪魔になるばかりです。左から右へと意味の固まりを単位として直読直解を心がけ，英語の語順そのままで意味をとっていくようにしましょう。これが同時通訳が用いる手法で，チャンクでどんどん読んでいく時のストラテジーとなります。

(2) 類推・スキーマの活用

そのようなボトムアップのやり方にくわえて，コンテキスト全体から類推したり，もっている知識を活用してトップダウン式に解釈することも重要です。とくに，知らない単語に遭遇した場合や内容的に何かしっくりいかないようなときなど，前後の文脈だけでなく内容全体から推論し，内容的な整合性をチェックし，もしうまく嚙み合わなければフィードバックして解釈をやり直したりします。[⇒未知語の類推および内容的な整合性のチェックについては，この章の後半，「3．リーディングの教室指導(3)リーディングのプロセス」の中で具体的に述べる。(pp.106～を参照)]

言語的な要素以外に，読み手がもっている一般的な知識が読解を促進します。一度日本語で習って知っている内容の話であれば，英語で確認するだけになるわけです。私たちがあることがらに関してもっている知識体系を「スキーマ」(schema)と呼びます。なじみのある内容のことだと，英語で読んでもわかりやすいのはそのためです。このことを利用して，読む前にプレ・リーディングの活動を与えると，リーディングの作業に効果があります。登場する重要語句を予習しておく（ボトムアップ作業を稼動させる）と同時に，「スキーマの活性化」練習を与えると，その予備知識と予測からトップダウンの機能が作動し，理解が促されるわけです。

(3) 教室での指導

上で述べたように，ボトムアップとトップダウンの相互作用によって意

味理解に到達します。このようなリーディングの一般的な原理をもとに，それでは，教室でどのような指針でリーディングを指導していったらよいのでしょうか。

これまでは多くの教室で，訳読をすることによって英語の授業が終っていました。しかし，一語一句訳すという読み方では，TOEFL テストのリーディングで時間内に最後まで読めませんし，インターネット情報を即座に読みとらなければならないような情報化社会に対応できません。高校生がアメリカに留学したときに一番困るのは，会話力ではなく（会話力は2〜3か月で何とか追いつけるようになりますから），読みの力なのです。次週の授業までに20ページ読んでいかなければならない，というような課題についていけません。

このような例からも明らかなように，今やリーディングではスピードをもった内容読みが求められます。そのための手法として「直読直解」方式が効果的になるでしょう。このやり方は次のように頭から意味をとっていくやり方で，同時通訳の訓練にも使われます。

> It is surprising/that ...
> 驚いたことには〜
> He passed the exam,/even though he had not studied.
> …合格した。もっとも…しなかったが。
> They spent more time discussing/than taking actions to 〜
> 議論ばかりしていて，〜ような行動をしなかった。

読みの技能を育てる上で，まずなめらかに音読できることがひとつのステップになります。音読は発音練習のためだけではなく，ここでは読解のためであることを生徒に実体験させましょう。意味をとりながらなめらかに音読する練習から，つぎに黙読へと進んでいき，スピードをもって読めるようにしたいものです。そのために，教科書付属のテープを聞きながら文字を目で追うことは，速読の訓練に役立ちます。テープのスピードについて読んでいって意味がとれれば，それは速読になります。訳読に慣れっこになっていると，急に速く読めと言われてもできません。速読に適した

やさしめで適当な長さの内容のまとまりのよいものを選び，訓練する必要があります。ストップウォッチで計時して，はじめは素早く意味の固まりをとりながら，意識的に目を左から右へ速く動かす練習をさせます。そして，読んだ後，内容理解問題で7割以上できることを条件に，スピードアップをはかりましょう。最終的に，内容の展開に集中できるようになったらしめたものです。

　音読は速読のさまたげになるといわれますが，中高生のレベルではそんなに速く黙読できませんので，なめらかな音読がかえってプラスになります。発音のかっこうよさを競うわけではありませんから，意味の固まりで読みながら，意味内容をとらえていくことを重視しましょう。シャドーイング（shadowing）と呼ばれる指導法は，聞こえる英語をそのまま自分で声を出して再生することです。意味の固まりでなめらかに読むことにつながる練習法で，役に立ちます。

Topics for Discussion

(1) 直読直解を訓練するために，具体的にどのように指導すればよいのでしょうか。チャンキングの手法に慣れさせるための練習を考案しましょう。
(2) 速読の指導法について考えてみましょう。音読は速読の邪魔になるといわれますが，どう思いますか。

---

3. リーディングの教室指導

(1) リーディング指導の全体的な流れ

　リーディングの指導において，ただ訳すだけでは上で述べたような直読直解のストラテジーは育ちませんし，訳したらすべての学習活動が終るという誤った意識を助長し，本当に英語を使うことにつながりません。また，ただ comprehension check を課すだけでは読んだ結果（読みのプロダクト）のテストであって，どのように読み進めばいいのか読み方（読みの

プロセス）の指導にはなりません。それゆえ，教室での while-リーディングの活動では，読みながらどのように意味をとっていけばいいのかを具体的に示し，読み方をガイドしてやることが大切になります。また，プレ・リーディング活動を与えることが，あとの内容理解の促進につながり，また，ポスト・リーディングで言語活動させることが，英語力の定着や発展につながります。教室でのリーディング活動は，「プレ→while-リーディング→ポスト」という3段階でとらえることができます。生徒の学力や題材によって，それらをうまく組み立てていくのが，教室指導に直接たずさわる教師の役割になりましょう。

　リーディングの授業は，細かい語彙・文法よりも，読む量と質に気を配りたいものです。そのためには，考えるヒントを与えて，質を高め，さらに読んだ後自分の考えをまとめさせたり，また関連する内容の教材を与えると，効果は高まります。この際，非常に手軽で有効なのは他の教科書の利用です。採用見本として送られてきたものを棚にしまっておくだけではもったいありません。多くの教科書が，「環境問題」「人生」「異文化理解」「平和」「友情」「スポーツ」などを扱っており，これを利用すると量が倍増する。生徒も既習の内容に近いため，抵抗なく読め，さらにその読み方も深くなることが期待できます。ここでは異文化理解を扱った教材を用いる際，スピーキング，リスニングがいかに有効か，見ていただきたいと思います。

全体的な流れの指導例

テキスト：*NEW CROWN ENGLISH SERIES 2*（三省堂）
　　　Lesson 4　Kumi Talks about Korea
　〈教材の内容〉
　このレッスンでは韓国に興味を持ってハングルを学んでいる Kumi とその友人 Tom が文化について話している。
　プレ・リーディング：p.26 の下のイラストを見ながら気づいたことを1人1文言わせる。
　　Look at this picture. Say one thing about the picture. For

example, "Two girls are eating at a table."
　　スムーズに出てこない場合は
　　How about the dress? How about food?など助けを出す。
While-リーディング：
1．生徒から出たものをもとに次の表を埋めていく，すべて埋まらなくてもかまわない。食事マナーのところは空白をプロセス・プロダクトの段階で埋めるようにする。もちろん，They are smiling.など表には関係ないものも板書する。

	Korean	Japanese
言語	Korean	Japanese
文字	Hangul	*Kanji, Hiragana, Katakana*
衣裳	Chimachogori（チマチョゴリ）	*Kimono*
道具	spoon and chopsticks	chopsticks
食事マナー	They don't hold the bowl up to their mouths	We hold the bowl up to our mouths

2．英文の音読練習（ひとりで，ペアで）
3．KumiとTomの役にわけ，日本語で1組に会話させる。
4．this（4行め），do that（9行め），do that（10行め）が具体的に何をさすか考えさせる。

ポスト・リーディング
　　韓国についてあまり知らない生徒も多いと思われる。このレッスンを読んでわかったことや思ったことを1つずつ言わせる。
例) In Korea they use Hangul.
　　Korea is near Japan.（p.24の地図をみて）
　　King Sejong created Hangul.
　　Hangul is difficult but interesting.

> King Sejong is handsome.
> I will study Korean.
> I won't bring the bowl up to my mouth in Korea.
>
> 内容は問わず，読んだことに関するものなら何でも良しとする。発表することが大切と考える

(2) プレ・リーディング

　スポーツでもウォーム・アップをするように，リーディングの活動でも，事前に準備をしてから読むと効果的になります。とくに外国語の場合には，単語を知らないとなかなか内容理解の糸口がつかめません。ですから，本文で登場するキーになるような語句は，予習しておくのです。あまり欲張らず，あまり時間をかけずにできるような活動を準備しましょう。

　もうひとつ事前にやっておくと効果があるのは，本文の話題に関する導入です。スキーマの活性化のために役立ちます。だいたいどういう話題が登場するのかわかって，そちらの方向に関心が向いていると，本文の内容にとりつきやすくなります。また，前もって質問をいくつか投げかけておくというやり方も，読みの活動にはっきりとした焦点が定まることになります。

(3) リーディングのプロセス

　読む過程において，どのようにすればリーディングのプロセスを促進でき，理解に至らせることができるのでしょうか。日本語に訳すことによって理解を確認するのではなく，英語を読み進むためのガイドをし，必要な手ほどきを与えることが，ここでの焦点になります。

　リーディングのプロセスにおいて，読みを効果的に進めていく上で大切な方略がいくつかあります。重要な読み方のストラテジーに焦点をあてて訓練を与えると，生徒の読み方への意識を高めることになって効果的でしょう。たとえば，p.99〜で例示したように，同時通訳の訓練でも使われるような「予測する」というストラテジーです。その他に，「未知語を類推

する」,「流れから整合性をチェックする」というようなストラテジーが重要になってきます。その中から，まず未知語の類推の例を次に見てみましょう。

①未知語の類推

> 次の各文章中で，下線の語の意味を考えてみよう。
>
> 1. It is also difficult to translate some <u>set expressions</u>. Imagine that your friend is going to have an important test in a few days. It's common for Japanese speakers to say "Gambatte !" in this situation. But what should you say in English ? Dictionaries sometimes have "Try your best !" for "Gambatte." But most English speakers say that they don't use this very often in that situation. Instead, it is more common to say simply, "Good luck !" or perhaps, "Don't work too hard."
>   a. expression は「表現」という意味だ
>   b. テストを受ける友達に，日本語なら「がんばって」。英語なら "Good luck !" "Don't work too hard." というのが普通だという。
>
>   *Genius English Course I*（大修館書店）p.41　　決まり文句
>
> 2. Beatrix Potter, the author of this tale and other picture storybooks, was born into a rich Victorian English family. She was educated by <u>governesses</u> and never went to school.
>   a. be educated by 〜の部分から，〜は人であり，しかも他人を教育する知識のある人である
>   b. and never went to school の部分から，学校へ行かない人に教える人である
>   c. 〜ess (Goddess, Stewardess, hostess) は女性名詞をつくる
>   　　　　同 p.77　　女性の家庭教師
>
> 3. Rick: Oh, haven't you seen the movie Jurassic Park ?
>   Mr. Sato: No, I haven't. What's it about ?

Rick: It's a dinosaur movie. In it dinosaurs were brought back
　　　　　to life by scientists and kept on an island called "Jurassic
　　　　　Park."
　　a. 「ジュラシック・パーク」といえば…
　　b. …dinosaurs were brought back to life ということは，過去
　　　に絶滅したものだ
　　　　　　同 p.121　　恐竜
4．Usually there was no bus station in these towns, so the driver pulled the bus into a gas station parking lot, or stopped in front of a restaurant. One person got off, or two got on. It hardly seemed worth his time to serve so few passengers. And yet he did his job with dignity. He welcomed each passenger to the bus, hurried out the door to help with their baggage, counted the travelers and write down the number at every stop. I got the impression that he was memorizing all of our faces. We were with him only for one autumn day, but we were his passengers and he seemed to be making an effort to take a personal interest in us.
　　a. 前文に「そんなに乗客が少ないのでは彼が使う時間に見合わない」とあり，次に「しかし彼は dignity をもって仕事をした」とあるので，「とてもよい心地の言葉」だ。
　　b. with dignity の具体的な内容が次に述べられている。「お客ひとりひとりを大切にし，さっそうと仕事をこなしている」様子だ。
　　　　　　同 p.135　　気高さ，尊厳
5．At one tollgate the driver paid the man in the booth and said something. I listened.
　　　5の続きで，運転手がお金を払うところ
　　　　　　同 p.136　　料金所

②整合性のチェック

たとえば，読んでいる途中でHowever, 〜と出てきて，何が一体逆説になっているのかわからなかったり，「おかしいなー，ここはThusのはずなのに？」と疑問に思うとき，また，自分がもっている知識と合わないときなど，ボトムアップとトップダウンの解釈の相互作用により，内容における整合性をチェックしなければなりません。そして，必要ならフィードバックして，もう一度ボトムアップの解釈をやり直し，そして，「あー，だからなのか」と納得できるところに達して始めて，読みの活動が完了することになります。

流れから整合性をチェックする例

> Korea is called a nation of courtesy. People today still carry out traditional Confucian teachings. For example when students are standing with their school bags in a crowded bus, poeple sitting on the seats alongside will often take their school bag and hold it for them. This action is done without the utterance of any words and this action is readily understood by everyone. <u>The reason behind this is that younger people are not supposed to let the older people hold their bags.</u> <u>Therefore the older people do not ask the students,</u> <u>for if they did then the students would be obliged to refuse this kindness.</u> This kind of philosophy of respect between generations is still practiced today as this example shows.
> 　—— *English Communication for International Understanding* (2001，英潮社)

何気なく読んでいくと，＿＿＿部分の意味がわからなくなります。

> 韓国は礼節の国と呼ばれ，儒教の教えを実践している。例えば，学生がバスの中でかばんをもって立っていると，座っている人が黙ってそのかばんをもってやる。

⇒ ＿＿＿部分＝？？？

> 年少者は年上の人にかばんを持ってもらわないことなっているからだ

さらに次の部分（＿＿＿）でもっとわからなくなります。

> だから年配の者は学生にたずねないのだ。

その次の部分（下線部）でやっと判明します。

> というのは，もし年配の者がたずねたら，学生は親切を断らなくてはいけないからだ。

ここで大切なのは下線の部分の先頭にある for です。全体の組みたては，

儒教の国の韓国では座っている人が学生のかばんを黙って持ってやる
↓
the reason behind this（黙って）is
↓
年上にかばんを持ってもらう，なんていけない
↓
therefore
↓
「もちましょうか」と年上は聞かない
↓
for
↓

> 聞かれた者（年下）は断らなくてはならない
> 理解できると，感動的な場面が思いうかびます。

(4) リーディングのプロダクト

　読み終わってからその内容理解を確認する作業が，コンプリヘンション・チェックです。しかし，授業で行う場合，あまりにもテストのような問題形式ばかりになってはいけません。間違っていたものについては解答の確認だけでそのまま放っておかずに，なぜ間違ったのか，プロセスにかえって分析することが求められます。

　コンプリヘンション・チェックは，指導する立場からいうと，その問題の作り方が重要になります。文を追っていれば本当にわかっていなくても答えられたり，数字など些末な情報ばかりを尋ねたり，かといって"What is this story about ?"というようなあまりにも大雑把な質問では，答える方の生徒が困ってしまいます。どのような問題を発すれば本文の理解が本当にチェックできるのかを考えなければなりません。

〈while-リーディング用 questions の作り方とその効果〉

中2レベル

> テキスト：*SUNSHINE ENGLISH COURSE 2*（平成14年度版，開隆堂）
> 　　　PROGRAM 7　A Reply to Virginia（p56）
> 〈Questions 例〉
> 初級用（Yes No で答えるもの）
> 　1．Is this a letter ?
> 　2．Did Virginia write this letter ?
> 　3．Do many people see Santa Claus ?
> 　4．Can we see all the important things in the world ?
> 　　もし答えられなかったら
> 　　　　There are lots of important things in the world.
> 　　　　Can we see all of them ?

5．Can we see love ?
6．Does Santa Claus bring all of us joy and love ?
7．Do you think there is a Santa Claus ?

上級用

1．Who will receive this letter ?
2．Who wrote this letter ?
3．Who sees Santa Claus ?
4．What can't we see in the world ?
　Give an example.
5．What does Santa Claus bring every year ?
6．Who does Santa Claus bring joy and love to ?
7．How do children feel then ?
8．What does the writer say at the end of the letter ?
9．What do you think about this letter ?

〈Questions の効果〉

1．英語で考える

　普段英文和訳のみをやっているとどうしても日本語をベースにして考えるようになってしまいます。「今日の英語の授業で何を習ったのか」と聞かれ「サンタについての手紙」と答えるという具合です。それを英語で考えさせるのに効果があるのが英語で質問することです。

　最初は Is this a letter ?と聞かれても「これは手紙ですか，だから…Yes…」となる恐れがあります。これでは困ります。Yes.かNo.だけ答えればよしと指示すると比較的抵抗が少ないので最初は初級用を用いると楽です。でも英語の力がある生徒には最初から上級用でもいいでしょう。上級用の質問に答えられるようになればもう英語で考えているといえるでしょう。そのときは生徒をどんどんほめましょう。

2．音読へのやる気が増す

　上級用の質問に特に言えることですが（上の3, 5, 6 など）何度

も音読していると，もとの文を再生すればそのまま答えになるものが多いことに気づきます。何も特殊な訓練が必要なのではなく，本文をくり返し練習すればよいのだという励みになるのです。

※上級用で答えられないときのテクニック

　はじめの頃は英語で質問されるだけでもパニックになる生徒には答えを3つ用意し，そこから選ばせるようにしましょう。正解の他は，ばからしい，すぐ誤答だとわかるものにするとクラスの雰囲気もなごやかになり，気楽に答えられるようになります。たとえば
4．What can't we see in the world ?
　Answer no.1. love　　no.2. hamburger
　　　　 no.3. Mr. Ms._____ （クラスメートか担任の名前）

<u>高1レベル</u>

テキスト：*Genius English Course II* （大修館書店）
　　　Lesson 2　From Image to Meaning　Section 2 (p. 25)

① The Arabic language has many words which refer to the camel. ② An Inuit would probably not really understand any of them unless he or she lived and worked with camels in the desert. ③ On the other hand, the Inuit have about 12 words for snow (snow which is falling, is fresh on the ground, is frozen hard, etc.) and most Arab people would find it difficult to understand these words.

④ In English there are now over one million words. ⑤ The average British person knows between 30,000 and 60,000 words. ⑥ We may speak the same language but we don't necessarily use the same words. ⑦ If we want to communicate successfully, we must share similar experiences as well as the same words.

⟨Questions 例⟩

	初　級　用	中　級　用	上　級　用
①	Which language has many words which refer to the camel?	What kind of words does the Arabic language have?	Say one characteristic of the Arabic language.
②	Would an Inuit really understand words which refer to the camel?	If an Inuit lived and worked with camels in the desert, what would he or she really understand?	How would an Inuit come to understand words which refer to the camel?
③	What kind of words do the Inuit have more than Arab people?	What kind of Inuit words would most Arab people not understand?	How would most Arab people come to understand Inuit words for snow?
④	How many words are there in English now?	How many words does the English language have now?	Does English have more than or less than one million words nowadays?
⑤	How many words does the average British person know?	How large is the average British person's vocabulary?	Out of all the English words, how much does the average English person know? 1/4, 1/3, or 1/2?

⑥ When we speak the same language, do we always use the same words?	When two British persons talk, do they always understand each other?	What can we suggest from the previous two sentences?
⑦ If we want to communicate successfully, what do we have to do?	What do we need besides the same language in order to communicate successfully?	Say two things we always have to bear in mind so that we can have a successful communication.

〈Questions 形式の種類〉
1. 初級から上級まで
   難易度，何をチェックしたいか，時間はどのくらいあるか，などによって質問のレベル，構文，語彙を変えることができる。
2. 質問の与え方
(1)口頭で
   リスニングおよびスピーキングの練習
(2)質問用紙を配布して答えを書かせる
   ア．予習用教材として
   イ．ラフリーディングの段階でどの程度読み取れるかのチェック用として
   ウ．本文の解釈後に確認として

第 5 章　リーディング　115

〈Questions　作成テクニック〉

もとの文：The Arabic language has many words which refer to the camel.

テクニック	質　問　例	特徴
もとの文をそのまま読めば答えとなる質問	・What kind of words does the Arabic language have？ ・Which language has many words which refer to the camel？	キーワードを見つけることができさえすれば容易に答えられる。
語彙をかえる	Which language has many words that are concerned with the camel？	関係代名詞, refer to⇒be concerned with
主語を（従って動詞も）かえる	There are many words about the camel in one language. What is this language？	関係代名詞の用法確認
文型を変える	There are many words in Arabic that many other languages don't have. What are they？	意味の確認。和訳の代わりに。

もとの文：An Inuit would probably not really understand any of them unless he or she lived and worked with camels in the desert.

長い文の分解	An Inuit would probably not really understand any of the Arabic words about the camel. How would they come to understand them？	unlessの説明

難解な構文の容易化	It usually happens that an Inuit does not really understand any of them. Why not ?	仮定法の説明
What is it ?, Give an example. などの利用	Some people would not really understand any of the Arabic words which refer to the camel unless they lived and worked with camels in the desert. Give an example of those people.	文は長いが，答え易い
全くの変換	When would an Inuit really understand the Arabic words that are concerned with the camel ?	unlessの言い換え

〈Reading における Questions の期待できる効果〉

1．リスニングの訓練になる。
2．Questions を書いた用紙を配布し，答えを書かせることもできる。その場合はライティングの訓練になる。
3．和訳をしない場合，理解の助けになる。
4．口頭で答えさせる場合，スピーキングの訓練になる。
5．いったん理解したものを再度英語でより深く理解する手助けになる。
6．新出語彙，イディオム，構文の理解チェックとして使える。

　ただし，読んだものについて理解を確認するために，要点をかいつまんで言うには日本語の方が時間の無駄がなく，より的確かもしれません。複雑な内容を確認したり，説明する場合も日本語の方が無駄な負担がなく，効果的かもしれません。それゆえ，英語の教室で母語使用を排斥するものではありません。そのあたりは，教室での先生の判断になるでしょう。ただし，日本語の使用は有効な場合に限り，必要最小限にとどめるよう注意し，楽な方に流れないようにしなければいけません。

(5) ポスト・リーディング

　訳ができたらすべての学習活動が終わりと思うのは大きな間違いです。実践的なコミュニケーションでも，自分が読んで入手した情報を他の人に口頭でかいつまんで伝えたりすることはよくあります。ですから，読んで理解した後，それをもとに英語でどのような言語活動を展開するか，教師の創意工夫が求められるところです。現実的なコミュニカティブなタスクを準備したいものです。生徒が生き生きと内容中心に活動する中で，学習した語句や表現が自然に使われ，身につくように仕組むのです。たとえば，関連した内容のものをさらに発展的に読んでも，サマリーや感想を書くことに結びつけてもいいでしょう。また，自分の意見を発表するとかディスカッションのような口頭の活動を展開することも考えられます。

　英語の力をリーディングとかスピーキングというように分断的に扱う時代は終ろうとしています。英語の総合的な活動を通して，各英語力が相互に助け合い発展していくようにしたいものです。読んで習得した語句が，話したり書いたりする中で自分のものとなり，読んだ内容が，その後の議論や作文の中で発展的に活用されることになります。この点については，第3部「統合的な指導」でくわしく議論します。とくに，第8章「科目の枠をこえて」でリーディングをもとに，発展的な指導の具体例をあげていますので参照下さい。

＊注：中学におけるリーディングの指導については，第7章を参照のこと。

Topics for Discussion

(1) 生徒と一緒に読んでいくときのガイド質問を作ってみましょう。
(2) コンプリヘンション・チェックの問題を作成しましょう。
(3) プレ・リーディング活動を考案しましょう。
(4) ポスト・リーディング活動の案を立てましょう。

参考文献
松村幹雄（編）(1984)『英語のリーディング』大修館書店
谷口賢一郎 (1992)『英語のニューリーディング』大修館書店
津田塾大学言語文化研究所読解研究グループ（編）(2002)『英文読解のプロセスと指導』大修館書店

Chapter 6 Writing
ライティング

1. 日本の学校におけるライティング
2. 初級レベル（中1～2）のライティングの例
3. 中級レベル（中2～高1）のライティングの例
    英借文を教える
    Topics for Discussion
4. 高校上級レベルにおけるライティング
    (1) 自由英作文の指導について
    (2) 長い英作文をさせる理由
    (3) 長い英作文の評価
        ① 日本人教師一人で，生徒数が多い場合
        ② ALTとのティーム・ティーチングで評価する場合
5. エラーについて
    (1) 英語指導とエラー
    (2) エラーの種類と訂正
    (3) 総合的な誤りと局所的な誤りを使っての評価
    Topics for Discussion

1. 日本の学校におけるライティング

「ライティングって英文法を学ぶ時間ですよね。」ある高等学校の1クラスでの調査ですが，80％以上がこの発言を肯定したそうです。この発言はある意味で，大多数の日本の高校のライティングの現状を的確に表している言葉ではないでしょうか。

まず，日本人学習者が英作文を完成する段階を考えてみます。
1) 単語についてある程度の知識があり，その使い方を知っている
2) 文法（文型）についての知識があり，その使い方を知っている
3) 句読点などについての知識があり，その使い方を知っている
4) 2～3の文のつなぎ方などの方法を知っている
5) 内容に注意を払い，パラグラフ構成について意識する
6) 書く目的を意識する
7) 読み手を意識する
8) 適切で効果的な語や表現の選択ができる

等が考えられます。1) から4) までが，形式の領域で，それ以降がコミュニケーションの領域と考えることができるでしょう。日本の学校で，おこなわれるライティングは，多くの文科省検定教科書の内容が和文英訳中心であることを考えると，高校まででも2) および3) までがメインで，せいぜい4) か5) の初歩を行う程度でしょう。そう考えると「英作文って英文法を学ぶ時間ですね」という言葉は，当たっているといえます。

和文英訳指導は，言語使用の質を高めるという点では有効です。しかし，英語の指導は，知識を与えることに重点が置かれる他の知育科目と指導法で異なり，生徒のスキルの達成に重点が置かれるべきです。英語を母語とする子どもは，文法を教えられたこともないのに goed などと過剰般化した後，自然に went を身につけます。これは大量な言語材料に触れることができれば，文法は暗示的に習得できることを示しています。そして習得した文法を意識しないで使ってコミュニケーションをします。しかし，日本の学校の授業では，そこまでの量の音声データをインプットとして与えたり，それをアウトプットさせたりすることは難しいでしょう。ま

た，音声活動は，課外では NHK の語学番組を継続的に聴取する以外，個人でできるものは少ないでしょう。音声活動は，むしろ授業向きです。しかし，時間がかかる「書くこと」は，課外でした方が効率的な活動です。したがって，教室ではできるだけ音声によるインプットとアウトプットを重視し，課外で文法を意識した英作文をさせるとよいでしょう。初級レベルで和文英訳指導が実施されることには問題がないでしょうが，高校終了までライティングの指導が和文英訳だけでは，英語を使って自由に表現できる能力を育てることにはつながらないでしょう。

2．初級レベル（中1〜2）のライティングの例

授業である程度，その単元の目標のスキルを身に付けるためには，生徒に多くアウトプットさせることができるパターン・プラクティスが効果的です。そして，パターン・プラクティスによってその文法が身についたら，家庭学習で英作文させます。文法・文型の習得が英作文の基礎力になります。その文法の知識を英作文で使えるようにするためには，自分のことと関連性のある話題で活動をさせることがカギになります。

もう一つ忘れてはならないことは，活動や課題がわかりやすく，そして明確な学習順序を提示し，それが達成できるように配慮されていることです。ここでは，パターン・プラクティスから英作文を課題とする過程を紹介します。英語母語話者は，英語の発音，機能語，そして文法・文型を自然に習得するので，意識的に学習することはありません。しかし，自然に習得できる環境でない日本の学校では，表現ができるようになるまで，文法・文型を指導しないと習得できるようにはなりません。

授業例──最上級のパターン・プラクティス
〈目的〉What is the largest lake in Japan ? を使い最上級の習得。
〈用意するもの〉8枚のカード

| large/lake | high/mountain | long/river | beautiful/spot |
| lake Biwa | Mt. Fuji | the Shinano River |

xx city 中学のある市の名前

〈生徒の状態〉活動のやり方は知っています。What is the largest lake in Japan ?の文法的説明を受けて理解しています。

〈黒板に書く文字〉What is the ＿＿＿＿＿＿＿＿＿＿ in Japan ?

〈流れ〉

T: Every one, now substitution-drill time. Are you ready ?
Ss: Yes, we are.
T: First, I'll give you an example. Look at the blackboard. (large/lake のカードを示しながら) Today's target sentence is "What is the largest lake in Japan ?" First, repeat after me. "What is the largest lake in Japan ?"
Ss: "What is the largest lake in Japan ?"
T: Again, "What is the largest lake in Japan ?"
Ss: "What is the largest lake in Japan ?"
T: Well, this is your turn. Let's do substitution drills. (high/mountain のカードを示して) Now you try.
Ss: "What is the highest mountain in Japan ?"
T: Repeat, "What is the highest mountain in Japan ?"
Ss: "What is the highest mountain in Japan ?"
T: This time... (long/river のカードを示して) Now you try.
Ss: "What is the longest river in Japan ?"
T: Repeat, "What is the longest river in Japan ?"
Ss: "What is the longest river in Japan ?"
T: This time... (beautiful/city のカードを示して) Now you try.
Ss: "What is the most beautiful city in Japan ?"
T: Repeat, "What is the most beautiful city in Japan ?"
Ss: "What is the most beautiful city in Japan ?"
T: Good, good. Well this time, I'll ask you questions. Then you'll

answer them. Are you ready ?
Ss: Yes, we are.
T: (lake Biwa のカードを示して) "What is the largest lake in Japan ?"
Ss: Lake Biwa is.
T: Repeat, "Lake Biwa is."
Ss: "Lake Biwa is."
T: This time... (Mt. Fuji のカードを示して) "What is the highest mountain in Japan ?"
Ss: Mt. Fuji is.
T: Repeat, "Mt. Fuji is."
Ss: "Mt. Fuji is."
...〈以下省略〉...

〈家庭学習〉

「世界で一番のものを質問したり，答える会話を作りましょう」

A：世界で一番長い川は何でしょう。
＿＿＿＿＿＿＿＿＿＿＿＿＿＿＿＿＿＿＿＿＿＿

B：その答えは？
＿＿＿＿＿＿＿＿＿＿＿＿＿＿＿＿＿＿＿＿＿＿

A：世界で一番短い川は何でしょう。
＿＿＿＿＿＿＿＿＿＿＿＿＿＿＿＿＿＿＿＿＿＿

B：その答えは？
＿＿＿＿＿＿＿＿＿＿＿＿＿＿＿＿＿＿＿＿＿＿

A：(自分の考えで，世界で一番のものを聞く問いを作りましょう)
＿＿＿＿＿＿＿＿＿＿＿＿＿＿＿＿＿＿＿＿＿＿

B：(その答えは？)
＿＿＿＿＿＿＿＿＿＿＿＿＿＿＿＿＿＿＿＿＿＿

3. 中級レベル（中2〜高1）のライティングの例

英借文を教える

　英語を表現するとき，日本語と英語は文構造が異なるために，日本語から直接英語に直すのではなく，利用できる意味の似通った英文を借りて，語を入れ替えて表現する「英借文」方式が有効です。そして，利用できる例文を増やすために，基本的な英文を暗記させる指導も幅広く実施されています。この方式のプロセスを考えてみます。まず，自分の言い表したいことを利用できる英文の日本語訳の中から探しだします。つぎに，その日本語訳を参考にして，言いたいことを英文になおしやすい日本文になおす。そしてその直した日本文を英訳するのです。だから，英文の暗記指導だけでは十分ではなく，言いたいことを英文に直しやすい日本語にして言い換える能力の訓練が必要です。具体的に見てみましょう。暗記指導で例文の暗記を奨励している学校があると思います。生徒が，「多くの男たちがみこしをかついでいるのが見えた」という英作文課題を行う時，課題の日本語を英語的な日本語「私は見た　多くの男たちが　運んでいる　携帯用神社を」に言い換え，英作文をします。そうすると，I saw a lot of men carrying a portable shrine. となります。もし，学校で暗記させられた例文（例えば The teacher watched the pupils swimming. など）があれば，それを利用することも可能です。

　そのことをロシア語通訳である森俊一は，ロシア語の通訳の例を挙げて次のように説明しています。「結局，通訳，翻訳というのは，基本的には言い換えだと思います。まず，日本語的な日本語をロシア語的な日本語に言い換え，ロシア語的日本語から日本語的ロシア語へ，それからロシア語的ロシア語へと四つの段階があります。もちろん，第二，第三段階は，通訳者，翻訳者の頭の中で進行するプロセスで，通訳者の場合は，これを瞬時に行っている。」（米原1998：64-65）これと同じように，英作文を指導するとき，もとの日本語を英語的な日本語（暗唱例文を使っている場合は，その例文の訳文に近い日本語）にし，それを英文に直す練習を定期的に行うと生徒の和文英訳能力が高まります。

たとえば,「トムはコンピューターに詳しい」という文を英訳する時に,教師は,生徒に直訳を試みるのではなく,英語にしやすい日本語「トムはコンピュータについてたくさん知っている」という日本語に一度なおして考えると,英語らしい Tom knows a lot about computers. という表現にしやすいと指導します。このような和文和訳をした例を示します（もとの日本語→英語にしやすい日本語→英訳,の順）。

・ケリーは顔が広い。→ケリーはたくさんの人を知っている。
→ Kerry knows a lot of people.

・ヒラリーは腹が立った。→ヒラリーは怒った。
→ Hilary got angry.

・うちの庭は猫の額くらいですよ。→うちの庭はとても狭いですよ。
→ Our garden is very small.

・狸寝入りはやめなさい。→寝たふりはやめなさい。
→ Don't pretend to be sleeping.

・そこまで頭がまわらない。→考える余裕がない。
→ I can't afford to think about it.

この訓練は,スピーキング指導でも役に立ちます。

Topics for Discussion

(1) 先程の「英作文を完成させるための8段階」のどこまで指導していますか。その理由は？ お互いに意見を交換しましょう。

(2) be going to を教えるパターン・プラクティスの授業と家庭学習までのプログラムを作りましょう。

(3) 課題文とその英訳があります。和文和訳を教えるために,どのような「英語的な日本語」をつくるように指導しますか。

> ・あの2人の女性は会えば必ずけんかします。
> →
> → Those two women never meet without quarreling.
>
> ・明日は雨ではないだろう。
> →
> → I don't think it'll rain tommrrow.

4. 高校上級レベルにおけるライティング

(1) 自由英作文の指導について

　文法的に正しい英文を作る力がない学習者に対して，まとまりのある文章を書くことを指導しようとしても難しいので生徒にこの力がついたと思われる段階で，まとまりのある文章を書き上げさせることに焦点を置く指導に移ります。とくに，国語においてもまとまりのある文章を書く指導を受けていない場合はそうです。学力が高い学習者が多いクラスでは，このプロセスの指導に専念できますが，文法的に正しい文がよく書けない学習者が多いクラスでは，その指導も平行して実施しなければならないので，まとまりのある文章を書く指導がなかなか徹底しないでしょう。

　まとまりのある文章を書くと言うことは，「書く内容を思いつく→文章構成を考える（アウトラインを書く）→文章を書く→書いたものを見直す」という過程です。そして，何より大事なことは，単に課題を与えて書かせて，添削して返却するのではなく，書いていくプロセスにおいて適切な援助を与えることです。

　さて，文章構成と書かせるテーマですが，高校上級になってくると抽象的思考能力も高まるので，ある事柄に対して賛成か反対かというトピックセンテンスで始めさせ，その理由を3つ書かせる構想が一番，生徒に文章構成そのもの自体を理解させやすいし，実際のライティングもやりやすいでしょう。ここで，女子学生に「ルーズソックスを履くか，履かないか」と聞き，意見を書かせた生徒の例（原文ママ）を紹介します。

(Do you usually wear "loose socks"?)

Yes, I do, because they are pretty. Wearing loose sock has many merits. First, when I wear them, my legs look thinner than they do. Second, my legs are warm when I wear them. Third, many boys pay attention to our legs. So it is natural that loose socks should be popular among young girls.

　この形式でしばらく授業を続け，生徒が形式を理解したら，「核実験」とかテーマをはっきり誰もが賛成か反対と明確に別れるようなテーマを選び，あえて，クラスの半分は「賛成」，あとは「反対」の観点で書かせるように指導していけば，それを読み上げ，他の生徒にジャッジさせるだけで，簡単なディベートへと発展させることができます。この方法で指導すると，生徒は相手を「説得する」ということを意識して，書こうと努めるようになります。このような意識を持たせることが英作文力を高めます。

(2) 長い英作文をさせる理由

　日本の高等学校で伝統的に行われてきた英作文の授業は，文法の習得を目標とした和文英訳程度であり，その英作文活動とは，教科書に書かれた他人の考えを，一語一句英語に直すだけなので，本当のコミュニケーション活動とは言いがたいものです。海外の人との文通や英文でのレポートなどは一部の生徒に限られていたので，平均的な日本人は英語を自主的に書くという技能に必要性も感じませんでした。したがって，高等学校での授業も，そのニーズに対応した文法習得ための作文練習や和文英訳が行われていました。しかし，ネット社会においては，ライティングを通してのコミュニケーション能力が非常に重要となってきています。自分で考えた内容についてきちんと英文で表現できる能力の養成が英語教育の課題となってきているのです。

(3) 長い英作文の評価

　テニスではボールを打たせる，スキーでは雪の上を滑らせることが重要

であるように，ある程度の英文を書かせるためには，英文を書かせないと，生徒の英語を書く力は伸びません。長年，英作文を教えていらっしゃった先生に，長い文を書かせるこつを教えてもらいました。「家事分担についてとか，直前にあったオリンピックについてとか，生徒の感想や意見などを英語で書かせる問題を定期考査で必ず出題します。採点方法は書いた英文の分量で行えばいいのです。行数，語数の多いものを高く評価し，文法・語法の誤りやミス・スペリングがあっても減点をしません。分量が多く，しかも内容のよいものに，ボーナス点を与えましょう。大切なことは，この採点基準を事前に生徒に知らせておくことです」と。この方法ですと，採点は，そんなに大変ではありません。でもこういう指導を積み重ねていかないと，生徒に英文を書く力はつけられません。和文英訳ばかりだと，自分自身の考えをまとめて文章を作る力はなかなかつかないでしょう。つまり，形式面より内容を重視すべきでしょう。

　また，文法・語法の誤りやミス・スペリングがあっても減点をしないことは勇気が要ることかもしれません。しかし，多少変な英文であっても生徒が自分の思いや意見を書くということが重要なのです。

①日本人教師一人で，生徒数が多い場合

　多数の作文を評価しなければならないときに，観点が多かったり，評価の段階が細かすぎると，評価自体がかなりめんどうになり，憂鬱になります。従って，自由英作文の評価の場合は，観点数をできるだけ少なくしましょう。段階は０か１が実用的です。例を示しましょう。（この観点は，作文の評価というより生活態度の評価に近いので，はずしたいと考えられる方もいらっしゃるかもしれません。）

　まず，提出期限を守らせます。生徒に提出期限を守らせることは，いろいろな意味で重要です。提出期限を守ろうとする生徒からは積極的に英作文をしようとする意欲が見えます。逆に提出期限に遅れがちな生徒は，一般的に意欲に欠けると言えます。また，実務的な問題ですが，提出期限におくれてしかもバラバラと提出されると，提出されたものを紛失しやすく，まことにやっかいです。期限に遅れたら一切受理しないという方法も考えられますが，部活の試合のためとか病気で休んだというような事情の

場合は，受け取らざるを得ないでしょう。また，提出そのものがない場合は，この観点を含めたすべての項目が無得点となります。

2番目に，わかりやすさ（comprehensibility）がきます。後で紹介するエラーの評価をこの「わかりやすさ」の評価項目に当てることもできます。つまり，エラーが少ない英作文はわかりやすいし，エラーが多い英作文はわかりにくいからです。英作文にエラーが多ければ，書き手が何を言っているのか理解しにくいので，当然comprehensibilityが低くなります。この項目の得点のつけ方は，生徒が書いた英作文の意味が読んで大体わかるものであれば，得点を与えます。そして，教員が読んで理解できないものであれば，無得点です。このくらい気楽に評点をする方がこのような課題の処理としては長続きするでしょう。

3番目には，生徒の創造性（creativity）を伸ばすことに注意を払いましょう。自分の考えた内容について書かせる指導は，個人のcreativityが伸びることにつながります。生徒は自分のcreativityが伸ばされることが理解できると，一生懸命努力します。常日頃，生徒に対し，「わかりやすく，独創的なおもしろいものを書きなさい」と叱咤激励することが大切です。おもしろいと思われる生徒の作品をクラス全員の前で読んで誉めると，いっそう励まされます。誉めることも重要な評価の一つです。また，おもしろい作品が多いと，採点する側の励みにもなります。採点する側にとって何十枚も陳腐な作文を読むことほど退屈なものはありません。

上にあげた項目をまとめると，提出期限：守った（＋1）／守らなかった（0），comprehensibility：OK（＋1）／NG（0），creativity：おもしろい（＋1）／おもしろくない（0）となります。もちろん，担当教員が生徒の実情に合わせ，各項目の配点を工夫されるのもいいでしょう。

② ALTとのティーム・ティーチングで評価する場合

すべての日本人教師が日本語で書かれた作文の添削や評価が必ずしも得意でないように，ALTもネイティブ・スピーカーであるからといっても，特別に英語教育を専攻していない限り，英作文の添削や評価が得意とは限りません。得意なALTには，自分なりの評価の枠組みで評価してもらうのもよいでしょう。しかし，作文の添削や評価は時間もかかりめんど

うなので，避けたがることもあるようです。しかし，ネイティブ・スピーカーですから，日本人の教員より英作文の評価や添削の処理はずっと速くできます。また，評価者が2人になる分，生徒の英作文を処理する余裕ができ，生徒のエラーによりよく対応できるようになります。したがって，ネイティブ・スピーカーが評価者として加わる場合には，一覧表（p.132）にある略語を使ってエラーの指摘をしてもらいましょう。できれば，簡単にコメントも書いてもらうとよいでしょう。また，もうすこし，評価の観点を増やしたい場合は，volume（文の量）やcohesion（一貫性）を加えたらよいと思います。

　逆に，枚数が多く多忙になり，ネイティブ・スピーカーがどうしてもエラー処理をいやがる場合は，英作文の英語が英語母語話者に受け入れられない（0），なんとか受け入れられる（1），自然に受け入れられる（2），といった観点が便利です。これは3段階であり，そんなには大変な作業にならないので，この程度は受け入れてもらえます。できたら，コメントを書いてくれるように要求しましょう。

5．エラーについて

　高校に英語を教えにきていて日本語を学習中の外国人が「わたし，京都が行きたいです」といいました。「ああ，京都に行きたいんだな」とわかりましたので，高校の修学旅行の引率に連れていきました。この例からわかるように，われわれは，外国人が日本語を使う際におかす誤りには実に寛大です。コミュニケーションに支障をきたさない限り，相手の日本語の意味を確認したり直したりしないものです。しかし，このくらいの文法の間違いは気にしないでコミュニケートしようという意欲があると，ことばはどんどんうまくなっていくことに気づきます。このことはわれわれ英語教育者にひとつの教訓を与えるものではないでしょうか。

(1) 英語指導とエラー

　言語は使用することによって，その技量は上達します。したがって，英

語の指導においても，生徒にできるだけ言語を使わせる方向で行わなければなりません。英語ライティングの授業では，書くチャンスを多く与えることが英語習得につながるといえます。それに加えて，書いたものをチェックしてもらい，そこから表現の仕方等を学べば，自分の英作文力をさらに伸ばしていくことにつながります。ただ，未熟な学習者にとっては，英語を書いたり，話したりする量を増やせば増やすだけ，言語使用のエラーが生じてしまうことも確かです。しかし，エラーを指摘し，減点をするだけの評価をすると，学習者は減点を恐れるために，できるだけ言語使用を減らすかまたは難しい文法はさけて作文したり，話したりするようになってしまいます。これでは適切な言語習得につながりません。かといって，間違えて表現した英語をそのまま放っておくと間違えたまま覚えてしまうのではないかという心配もあります。教員から学習者のエラーをどのように直すべきかについてはいろいろな意見があり，決まったものはありませんが，ここでは高校教育の現場の実情に合わせて検討をしていきたいと思います。

(2) エラーの種類と訂正

　まず，英作文で生徒がおかしそうなエラーをあげ，それを分類してみます。そして，生徒のエラーを教員が全てを訂正するのではなく，どういう種類の間違いをしているのか記号で教えて生徒に修正させる指導をします。かっこ内の日本文を英訳しようとした時に間違えて作った英文です。エラーの分類と生徒に与える記号は，以下の『英語授業の大技小技』（靜 1999:127）の枠組みが参考になります。

　生徒が書いた英文の間違いを全て訂正することは，かならずしも教育的とは言えません。教員が膨大な時間と手間をかけて添削しても，生徒がその訂正をとおしてもう一回学ぼうとしない限り，教員の努力は報われません。その方法よりも，上のような間違いの種類を略語化した一覧表をわたしておき，教員は間違い部分に略語を書きこむだけにします。そうすると添削の手間が大幅に少なくなります。また，記号が書いてあるところの英文を生徒に自己訂正させて再提出を求めると，その作業を通して生徒が英

文法をきちんと身につけることにつながり，英文をモニターする力が大幅に向上します。

意味	名称	略号
冠詞の欠如・不適切	Article	AR
非論理性	Illogicality	IL
スペリング/パンクチュエーション	Mechanics	MC
代名詞が指すものが不適切	Reference	RF
動詞の形が不適切	Verb Problem	VP
単語の選択が不適切	Word Choice	WC
語順が不適切	Word Order	WO
意味不明，またはどうしようもない		??

以上の枠組みを使って，評価した例を次にあげます。

1．??: I know stayed the people.
　（そこにいた人たちを知っている）
2．WO: I don't know wait for me my future.
　（私にはどんな将来が待っているかわからない）
3．RF: Please ask me some questions.
　（私にいくつか質問させてください）
4．VP: The lady speak good English. My son eated lunch at one.
5．WC: I'm boring.（退屈だ）
6．AR: We bought nice car.

(3) 総合的な誤りと局所的な誤りを使っての評価

　先ほどの表で，上から間違いの種類を順にみていくと，6番までは，日本語をみないと英文だけでは何を言いたいのかよくわからないか，英文の

意味が日本語の意味と大きく異なっています。しかし，7番以降はある程度の文脈の中で使用されたら，ある程度正しい意味を類推することができるでしょう。

このように1番から3番までの間違いを総合的な誤りコミュニケーションに支障をきたす「全体的な誤り」(global error) といいます。そして4番以降の間違いをコミュニケーションに支障をきたさない「局所的な誤り」(local error) と呼びます。もちろん，全ての間違いにこの定義がきちんと当てはまるわけではなく，例外もありえます。4番以降の間違いでも総合的な誤りになりえます。

さきほどの略語を使って，評価をする場合には，教員が書いた略語の数が問題となります。しかし，総合的な誤りと局所的な誤りでは当然評価の重みが異なります。作業に使う労力を考えると，次のような3段階の方法が提案できます。

1．総合的な誤りだけ指摘し，その数で評価する。
2．総合的な誤りと局所的な誤りを指摘するが，評価は総合的な誤りの数だけである。
3．総合的な誤りと局所的な誤りを指摘し，評価にも総合的な誤りと局所的な誤りの数を加味するが，総合的な誤りの方が点数の重みが高い。

いずれの方法をとるにしても，採用した方法をその年度の授業開始時に生徒に知らせておくことが重要です。そうすると，この方法で，自由英作文の評価はずいぶんとわかりやすく，合理的になるでしょう。

Topics for Discussion

(1) 自分の生徒の英作文力を伸ばすのにどのような方法と評価方法が有効か考え，話し合いましょう。
(2) 自分の生徒に自由英作文をさせ，上の表を使って採点してみましょう。

参考文献

赤池秀代（1995）「オーラル・コミュニケーションAの授業と評価について」
　（神保・酒井編『英語教育』別冊　大修館書店）
酒井志延（1996 a）（望月・山田『私の英語授業』大修館書店）
酒井志延（1996 b）A Developmental Study of Speaking Tests Based on Sets
　of Four Pictures I *ARELE*, vol.7, 123-133
靜哲人（1999）『英語授業の大枝小枝』研究社
望月昭彦・山田登（1996）『私の英語授業』大修館書店
米原万里（1998）『不実な美女か貞淑な醜女か』新潮文庫

PART THREE

Teaching Integrated Skills

統合的な指導

Chapter 7 *Integrated English Class*
総合英語の展開

1. 4技能を関連させて
- (1) 中学校の場合
- (2) 高校の場合

2. 総合英語の展開例
- (1) 中学1年: 異文化理解の指導
- (2) 中学における課題
- (3) 中学3年: リーディングを深める試み

3. 高校での総合英語の展開例
- (1) 英語Ⅰ: 生き生きとした指導
- (2) 英語Ⅱ: 4技能を関連させた指導

1. 4技能を関連させて

〈リスニング〉〈スピーキング〉〈リーディング〉〈ライティング〉という4つの用語は、ことばの技能を語るときによく用いられます。また、高校においては、「リーディング」と「ライティング」は科目名にもなっており、混同される原因にもなります。この章では技能の4分野をさす場合は〈 〉を、科目をさす場合は「 」を用いて区別したいと思います。〈リスニング〉と〈スピーキング〉は音を媒介とし、〈リーディング〉と〈ライティング〉は文字を媒介とします。もうひとつの分類方法では、〈リスニング〉と〈リーディング〉はインフォメーションの受容であり、〈スピーキング〉と〈ライティング〉はインフォメーションの発信と見ることもできます。「リスニング」の科目だからといって〈リスニング〉だけを扱うのは不自然で、全ての科目で〈リスニング〉〈スピーキング〉〈リーディング〉〈ライティング〉の4技能は指導の対象となります。そして、その方が、英語力を伸ばす上でより効率的になるのです。それゆえ、高校での「リーディング」で〈リーディング〉指導だけにならないように注意が必要になります。

	受容技能	発表技能
話しことば	リスニング	スピーキング
書きことば	リーディング	ライティング

言語活動は、ほとんどの場合、上の4つの技能の複数にわたります。たとえば、親にしかられて（〈リスニング〉）弁解したり（〈スピーキング〉）、友達と話し合いや喧嘩をしたり（〈リスニング〉と〈スピーキング〉）、メールのやりとり（〈リーディング〉と〈ライティング〉）、興味ある新聞記事を読んで人に教えたり（〈リーディング〉と〈スピーキング〉）、テレビのニュースをさらに新聞で詳しく調べたり（〈リスニング〉と〈リーディ

ング〉），気に入った歌を聴きながら歌詞を書き取る（〈リスニング〉と〈ライティング〉）という具合です。つまり，言語を使用するとき（とくにコミュニケーションを図るとき）は，複数の技能が互いに連携し合い，刻々とその局面を変化させていくといえるでしょう。また，そうすることによって，それぞれの技能がさらに高まることになるのです。たとえば，ちゃんとしたものを読むことにより，話す内容や表現も，よりしっかりしたものになります。

　昔実際にあった話ですが，障害のために話すことができない夫婦が，授かった子どもに障害がないのを知ったとき，言葉を覚えさせようと一日中テレビの前に座らせていたそうです。子どもはずっとテレビを見ていましたが，話せるようにはならなかったのです。これはとても衝撃的な話です。その子どもが何を言ってもテレビは応えてくれなかったわけで，言語習得は自分が話したことに反応がないとスムーズにいかないようです。

　教室でも同様です。スピーキング重点の授業といっても，聞き手がいない場面は考えられず，またスピーキング活動のあとに今度は自分が相手のスピーキング活動の聞き手になることが当然考えられます。「リーディング」や「ライティング」の指導も，他の技能も併せて指導するとさらに効果が期待できるということです。そしてそれが自然な言語習得の過程だと言えます。

(1) 中学校の場合

　中学校の英語は（英会話など特殊な科目がある場合を除き）全て総合英語と言えます。ABCの導入から［æ］［θ］などの発音を含め，〈スピーキング〉〈リスニング〉〈リーディング〉〈ライティング〉全分野の技能をゼロから教えることになるわけです。

　言語材料がやさしく，料理しやすいため〈スピーキング〉〈リスニング〉〈リーディング〉〈ライティング〉の4技能の統合，という点を取り上げると，高校と比較した場合，やりやすいといえます。また，中学時代は年齢的にもペア・ワークやグループ・ワークなどをはじめとする様々なタスク，アクティビティにも照れがまだ多少なりとも少なく，それが有利に働

くことが多いでしょう。また，中学1年の4月の英語を考えてみればわかるのですが，どの教科より簡単です。そのころにはほとんどの生徒が「英語好き」なのは当然です。また，「英語を使えるようになりたい」と皆思っているはずです。この時期の生徒に出会うわれわれ英語教師は，赤ん坊に対する母親のような立場にたっているわけで，話すことも，聞くことも，読むことも，書くことも教える必要があるといえます。

(2) 高校の場合

多くの中学校とちがい，高校は生徒の力も構成も学校の体制も，外国語科があったり，職業科があったり，一般化することはできません。ほとんど全員が英語嫌いだったり，教科書さえももってこない生徒が多い学校などでの苦労は想像を絶します。また，大学入試という大きな壁もあります。多少難問や奇問が減ったとはいえ，頭がくらくらするほど長い読解問題や，重箱の隅をつつくような文法問題に悪戦苦闘する生徒を目の前にしたとき，「4技能を！」など絵空事だ，と叫びたくなる場合もあるでしょう。

しかし，英語は生きたことばであり，〈スピーキング〉〈リスニング〉〈リーディング〉〈ライティング〉すべての側面をもっており，どれが欠けても不自然です。確かに言語材料は中学のものに比べて格段に難しくなり，アクティビティは限られてきます。また，教材研究も複雑になり，その準備だけでも一苦労です。ですが，ほんの少しでも工夫すると授業全体が見違えるほど変わることがあります。〈リーディング〉の授業では訳読が一番手っ取り早いのですが，解釈がすんだ内容について英語で口頭で質問してみると，それだけでさっと雰囲気が変わります。全部変える必要などまったくないのです。ほんの5分間でも他の要素をいれる工夫をすることから始めると思ったよりうまくいくでしょう。次に比較的楽に「他の技能につなげられる活動」の例を挙げてみます。

① リスニングとスピーキングの統合の例
　　a．聞いたものを自分の言葉で再現する（例　電話の内容を伝える）

b．相手の意見への感想，賛成，反対をのべる（例　ディベート）
　　c．あらゆる対話練習（ペア・ワーク，グループ・ワークなど）
　　d．授業における教師と生徒のインタラクション

②リスニングとリーディングの統合の例
　　a．ラジオ・テレビで聞いたニュースを新聞で読む
　　b．スピーチの聞き取れなかった部分を原稿で確認する
　　c．教科書の文を最初は教科書を見ずに聞き，その後読む

③リスニングとライティングの統合の例
　　a．ノートテーキング（例　スピーチ，授業，電話の内容の概要を書き取る）
　　b．相手の言った内容のポイントをメモ書きにして，自分の意見をつくる（例　ディベートの反駁）
　　c．ディスカッション等の書記の仕事

④リーディングとスピーキングの統合の例
　　a．読んで調べたものを発表する
　　b．広告を読んで，電話で商品を注文する
　　c．テキストの本文を読んだ後，内容に関するQ＆Aをする
　　d．各レッスン終了後内容についてディスカッションする

⑤ライティングとスピーキングの統合の例
　　a．スキットを書き，発表する
　　b．スピーチの原稿を書いて，発表する

⑥リーディングとライティングの統合の例
　　a．受け取った手紙（メール）を読み，返事を書く
　　b．書いたもの（物語，意見，感想等）を交換して読みあう
　　c．読んだものの続きを書く
　　d．広告を読み，ファックスで注文する
　　e．読んだものの感想を書く

上の6つのタイプの統合活動は，4技能の図で次のように表すことができます。

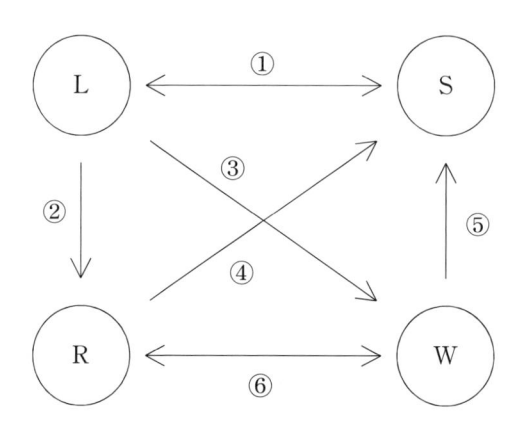

```
        ①
   L ←――――→ S
   │  ＼ ／  ↑
   │③ ✕ ④  │
   ②  ／ ＼  ⑤
   ↓         │
   R ←――――→ W
        ⑥
```

　それらの意義をまとめると，次の3点に集約できましょう。
(1) より自然で，実践的コミュニケーションに近い。
(2) 内容中心の言語活動になる。
(3) 英語力を定着，発展させるのに役立つ。

2. 総合英語の展開例

ここでは具体的な授業の展開例を示します。

(1) 中学1年：異文化理解の指導

中学校の英語はすべて〈リーディング〉〈スピーキング〉〈リスニング〉〈ライティング〉4技能すべての指導を盛り込むことが求められています。でも，毎時間4技能の活動すべてを必ず盛り込むのは困難です。新しい文法の導入に1時間すべてを使うこともあります。グループ活動をすると，20分などあっという間にたってしまいます。またそのくらい時間を割り当てないと，定着が中途半端に終わってしまい，苦手な生徒を置き去りにする危険性が大きくなります。ですから発想を変えて，新しく総合英語という視点から授業計画を立てればいいでしょう。たとえば次のような計画は充分可能です。

　1時間目……新しい文法の導入と練習，その文法をターゲットにしたアクティビティーなど
　2時間目……本文（1,2ページ目）の指導（新出語句の練習，本文の音読と解釈，Q＆Aなど）
　3時間目……本文（3ページ目），及びその課に関するディスカッション，意見発表，スピーチなど

総合英語は，1時間の内容を自由に使えるばかりでなく，毎回内容を自由に変えることもできるわけですから，さまざまな活動に挑戦できます。

テキスト：*NEW CROWN ENGLISH SERIES I*（三省堂）
　　　Lesson 6　School in the USA（pp.50〜52）
対象生徒：中学1年　7月か9月
　　　（生徒はbe動詞と一般動詞を習得した状態）

本文

> Tom: This is an English class. Students are in Mr Johnson's room.
> Kumi: 'Mr Johnson's room'? What do you mean?
> Tom: It's his room. He doesn't change the room.
> Kumi: Do the students change rooms?
> Tom: Yes. They usually meet him in his room.

指導の目的
　1．異文化……アメリカの学校と日本の学校の違い
　2．文法事項……主語が3人称単数現在の場合の否定文（does not）

指導手順
　1．前時の復習（約5分）

　　　| I like dogs. | I have a brother. | I like music. |
　　　| She likes dogs. | She has a brother. | She likes music. |

　　①6枚のフラッシュカードを用意し，それぞれ教師のあとについて言わせる。
　　②各文を疑問文にして言わせる。とくに3人称単数の主語を持つ文は全員がすらすら言えるようになるまで繰りかえす。
　　③時間があったらペアにし，一人が平叙文，他方がその疑問文を言う。カードは黒板にはっておくと生徒の助けになる。
　2．新文法事項の導入（疑問文で，do, doesは導入済み）（約10分）
　　　　I do not like dogs.（既習）
　　　　She likes dogs.
　　　　She does not like dogs.
　　①上の3つの文を黒板に書き，説明する。

②1で用いたフラッシュカードを用い，今度は各カードを見ながらそれぞれの否定文を言わせる。
3．本文全体の指導（約8分）
　① What is this ?　　　　　　　　→ This is an English class.
　② Where are the students ?　　　　　→ Students/They are in Mr Johnson's room.
　③'Mr Johnson's room'には何故''がついているのか。
　④ What do you mean ?というのはどういう意味？
　⑤ It's his room.はどこを強く読むか。
　⑥ Does Mr Johnson change his room ?　→ No, he doesn't.
　⑦ Do the students change rooms ?　→ Yes, they do.
　⑧ Where do they usually meet him ?　→ They usually meet him in his room.
4．意味がわかったところで内容に関する感想を言わせる。（約3分）
5．このレッスン全体に関して，日米両国の学校の違いをできるだけたくさん言わせる。（約4分）
（例）①アメリカのこの学校には学食がある。
　　　②アメリカのこの学校では，生徒は制服が無く私服で登校している。
　　　③アメリカのこの学校には，生徒は個人個人のロッカーがある。
　　　④アメリカのこの学校では，先生は自分の部屋を持っている。
　　　⑤アメリカのこの学校では，生徒は科目ごとでなく先生にあわせて教室を移動する。
6．発展活動（約20分）
　①他の中1用教科書の中から「異文化」を扱ったレッスンを探す。
　②4，5人のグループに分け，それぞれに違う題材のプリントを渡す。
　③生徒は自分のプリントを静かに読み，内容をグループ内で，順番に発表する。

> その際，発表は日本語でよい。分からない個所はとばし，辞書を引かずに分かった部分だけでよい。他の生徒は日本との違いに注意しながら聞く。
> ④グループ・ワークがすんだらクラス全体で，感想を話し合う。

(2) 中学における課題

　中学における課題は〈リーディング〉活動が圧倒的に不足していることです。中学校の英語の授業では，新しい文法項目が次々に登場し，それが毎時間の最重要項目であることが多いため，それに教師側も生徒も意識が集中しがちです。新しい文法を理解させそれを定着させるため，〈ライティング〉と称して，その文法項目を使った文を書かせる活動はある程度するものの，〈スピーキング〉〈リスニング〉の要素がはいったコミュニカティブな活動も求められ，1週間で3，4ページ進むのがやっと，というのが現状です。1校時かけて教科書1ページ読む，というのでは〈リーディング〉の能力はなかなかつきません。また，長文は苦手だ，という生徒も多いはずです。現状のままでは，こういう生徒の長文に対する苦手意識を取り除くことは望めません。長文読解力を伸ばすには長文をたくさん読ませることです。たとえば，ひとつのレッスンが終わって一区切りついたところで，たまには未習文法も知らない単語も気にせず，内容につられて読む，という活動を是非取り入れたいものです。まとまった量の英文を読ませるという活動が日々の授業ではどうしても不足しがちになり，意識していないと生徒に読ませるための英文資料も集められません。

　具体的には，「第5章リーディング」で紹介した活動をとりあげれば，読む量をふやすことは無理なく簡単にできます。「異文化」を扱ったレッスンのあとに，他の教科書の「異文化理解」のレッスンのコピーを生徒に配って各自読ませるのです。指導方としては次の4つが考えられます。

①生徒全員に1種類の教科書のコピーを配布し，読ませる。その後そのトピックについてディスカッションをさせる。

②2つの異なる教科書からプリントを2種類用意し，ペアワークにして，

ペアの相手とは違うプリントを読ませる。読後互いに読んだことを伝え合わせる。
③グループの人数に合わせた種類のプリントを用意し，グループワークにして，それぞれ違う内容のプリントを読ませる。読後それぞれ内容を発表させる。
④2，3種類のプリントを全員に配布して読ませ，最も興味をもったものについて発表さ（感想を書か）せる。

　いずれにしても，ここでは〈リーディング〉活動が中心になるので，新しいプリントを読んだ後の活動の負担は軽いものがいいと思います。つまり，発表は書くにしても口頭でするにしても日本語でよい，とするのです。そうでないと発表を聞く生徒たちにも大きな負担を課すことになります。読んだ生徒が「へぇ～」と思うような内容の文を見つけることが成功の秘訣であり，しかもそれほど難しくない文であることが絶対条件なので，そのためには同じ学年の（またはその下の学年の）教科書を使うのが手っ取り早い方法です。異文化を扱った教材の例をあげましたが，それ以外のトピックでも似かよった題材が幾つかあります。レッスン毎にやろうとすると大変ですが，以下のような内容（複数の教科書で扱われている内容）のレッスンが済んだときちょっと考えてみると活動の巾が広がり，授業が豊かになるのです。単なる文法や語彙の学習ではなく，内容を深く読み取る姿勢が鮮明に現れるからです。

　こういう活動は，高校英語へのスムーズな橋渡しという意味でも非常に大切だと思われます。高校に入ったとたん，教科書の長い文に圧倒され，ますます英語が嫌いになった，という生徒の声を聞きます。もちろん，高校受験対策にも大きく役立つことは間違いありません。

＊複数の教科書で扱っているトピック
①異文化理解
②キング牧師（人権，バスボイコット運動など）
③環境問題（ピーターラビット含む）
④不屈の精神を持った人
⑤地雷問題

(3) 中学 3 年：リーディングを深める試み

　中学 3 年ともなるとかなり力がついた生徒もでてきますので，知的好奇心をくすぐるような活動を用意したいものです。内容に関する Q & A も，三択形式にするとゲーム感覚でできます。無理なく〈リスニング〉と〈スピーキング〉の活動を入れることができる例です。また，英語が苦手な生徒も答えやすくなります。

使用教科書　　*EVERYDAY ENGLISH 3*（中教出版）
　Lesson 7　The Broken "T"
　前回の内容

　"What is your name, please ?" said Jim. "I don't know," said the young man in the bed. "Where do you live ?" asked Jim. The man didn't answer.
　Jim looked up at the doctor who was standing by the bed. "He was hit by a car while he was walking across the street. He isn't badly hurt, but he has lost his memory," said the doctor.

今回の内容

　"Don't you remember anything at all ?" asked Captain Blake. "Your family must be worried about you."
　"Well, I remember a neon sign," the man said slowly. "It was flashing on and off in the dark. I don't know where I saw it."
　"What did the sign say ?" asked the Captain.
　"It said 'EAT' in capital letters," answered the man.
　"What color was it ?"
　"It was red."

このあと，記憶にある EAT を手がかりに，そのサインを探すが，その EAT はある語の一部であることが判明する。

〈指導手順〉
1. 復習
   ①音読　　　　　　リーディング
   chorus reading, buzz reading, individual reading
   ②テスト　　　　　リスニング
   前回の内容についての質問をする。生徒は答えを記号で選ぶ。

1	Where is the young man ?	a.	He is in a hospital.
		b.	He is in the police station.
		c.	He is in his room.
2	Who is Jim ?	a.	He is a friend of the man's.
		b.	He is a policeman.
		c.	He is a doctor.
3	What doesn't the man remember ?	a.	He remembers everything.
		b.	He doesn't remember his name.
		c.	He doesn't remember his job.
4	Where is the doctor ?	a.	He is standing by the bed.
		b.	He is standing outside the room.
		c.	He is driving a car.
5	What happened to the young man ?	a.	A car hit him.
		b.	He hit a car.
		c.	He fell off his bike.
6	What was he doing then ?	a.	He was driving his car.
		b.	He was riding his bike.
		c.	He was walking.
7	Was he badly injured ?	a.	Yes, he was badly injured.
		b.	No, he was not so badly injured.
		c.	He was not injured at all.

8	What's wrong with him now?	a. He has lost his memory. b. He has a bad headache. c. He has a bad memory.
9	What season is it?	a. It is summer. b. It is winter. c. It is early spring
10	What is the man's name? Guess!	選択肢はなく，生徒が答えたものは，名前なら全部正解とする。テキストに名前は出てこない。

用紙を交換させ，答え合わせをする。自分で採点させてもよい。

2．新教材
　①新出単語の練習
　　captain, neon, sign, slowly, flash, capital
　②本文の音読
　　repeating after the CD　　　リスニング　スピーキング
　　chorus reading
　　buzz reading
　③本文の解説
　④Captain Blake と the man のペアになり感情を込めて読む練習をする　スピーキング
　⑤文法のポイント
　　I don't know where I saw the neon sign.
　　S　　　V　　　　O
　　Oの部分をつぎつぎに入れ替えさせてこの構文を定着させる。
　　ライティング
　　where they are now　　　　　where he was born
　　where she went where　　　　where I met him
　　where I lost my key

> Oの部分で，whereの後の語順に注意を払わせる
> ⑥脚注の重要表現の解説
> 　not ～ at all　　must be worried　　on and off
> 　What did the sign say ?　　in capital letters　　Captain Blake

3. 高校での総合英語の展開例

(1) 英語Ⅰ：生き生きとした指導

　中学英語の課題がリーディングが不足していることだとすると，高校での問題は，その逆です。文字や読みばかりで，音声面での活動が少ない。ただ教科書付属のテープをかけっぱなしにしても，授業は生き生きとはしません。教室はシーンとして，生徒は聞いているようでも，教科書を目で追っているだけで，積極的な活動はありません。そこで，まず，どのようにしたら教室活動を生き生きとさせることができるのかを見てみましょう。それと同時に，どうしても技能別に細分化しがちな傾向がありますが，授業をいきいきと展開し，生徒の英語力を着実に伸ばすためには，4技能をうまく相互に関連させる形で展開すると効果的になります。それこそが，指導要領でいう総合英語の理念なのです。第2節では，そのような授業例を示したいと思います。

　中学の英語に比べ，高校英語はぐっと難しくなった，読解ばかりになった，という感想をもっている生徒が多い場合，急に「さぁ，話しましょう」と呼びかけてもうまくいきません。教科書の本文を「感情をこめて朗読しよう」「登場人物になって会話練習をしてみよう」から始めてみてはどうでしょう。もちろん，それにふわさしい内容のレッスンを扱うときです。2人でやるロール・プレイ（Aの役とBの役に別れて2人でする活動）だとひとりでやるより抵抗が少ないでしょう。生徒の状況に応じて，可能ならそこからどんどん大胆に活動を発展させましょう。決め手は「なるほど」と生徒に思わせる内容のテキストです。次はそのよい例です。

テキスト：*Genius English Course I*（大修館書店）
Lesson 2　Beyond Communication Gaps

> Interviewer: Did you ever have problems because of a communication gap?
> Valerie: Well, some years ago I had a Japanese boyfriend. I loved him and I was sure that he loved me, but he never said, "I love you." On Christmas I got a Christmas card from him. I expected the card to say "I love you." But there was just a season's greeting: Kotoshiwa iroiroto osewani narimashita. Korekaramo yososhikune. I thought, "What's this?" It sounded like an expression for the workplace. Of course I think he wanted to communicate his feelings in those words. In my head I knew he loved me. But I wanted to hear it more directly.

指導手順
1．あいさつ
2．復習（pp.22-23）
　①Find the words
　②Comprehension Check
　③Grammar Check
　　　不定詞の副詞的用法
　　　because of 〜
3．新教材の導入
　①モデルリーディング
　②新出単語
　③Read and Look up
　④文法
　⑤朗読（感情を込めて）
　　ア．悲しそうに

イ．怒っている様子で
ウ．やってられないわ，という感じで
⑥その人になって意見発表
  ・Valerie
    例1) Now I have an American boyfriend. He says, "I love you." to me every day. I am very happy. Which do you like better, a Japanese boyfriend or an American boyfriend?
    例2) I have another Japanese boyfriend now. He never says, "I love you" either. I don't understand Japanese men.
  ・Valerie's boyfriend
    例1) I still love Valerie. She suddenly left me. I don't know why. What was wrong? Usually I don't write a Christmas card but I sent her a nice Christmas card. Why did she leave me? Why?
    例2) I watched an American movie last Sunday. In the film the husband often said, "I love you" to his wife. I never said so to Valerie. Did she want that?
  ・Valerie's American friend
    例) I felt sorry for Valerie. Japanese men should be kinder to women. Maybe Valerie's boyfriend didn't love her.
  ・Valerie's Japanese friend
    例) Valerie didn't understand Japanese men. She should feel that her boyfriend loved her. You don't need words. Your heart is more important than words.
⑦ What would you write?
　自分がValerieのboyfriendだったら，クリスマスカードに何を書くか小さな紙を配って簡単に書かせ（1，2文でかまわない），発表させる。時間がない場合には「I love you.と書く人」を挙手さ

せるだけでも盛り上がる。
4．発展
①異文化理解を扱った教科書の題材を1つ選ばせる。教師がひとりに1つ渡してもよい。
②読ませる
③グループまたはクラスに自分の分の内容の概要を発表させる。

(2) 英語Ⅱ：4技能を関連させた指導

特別な活動をいれていない，普通の授業の例を紹介します。ちょっとした工夫で，授業に様々な技能に配慮した内容のタスクを取り入れることができることがわかっていただけると思います。総合英語は1時間の組み立ても比較的自由にでき，また，ある時間はリーディング中心で，次の時間にその発展のスピーキングを，というふうに，1週間単位でも1か月単位でも4つの技能の選択，組み合わせ，強調などができます。

テキスト：*CLIPPER II English Course II*（大修館書店）
　　　Lesson 3　Magic Words　　Section 3（p.34）

"Excuse me" opens the door of conversations. For example, one day you see a foreigner and it seems that he needs help. What do you do? You walk up to him and say You walk up to him and say, "Excuse me, can I help you?" "Excuse me" shows you are friendly.

Here is another example. Suppose you are in London and want to know the way to the British Museum. You see a lady walking toward you. You make up your mind to ask her. You say, "Excuse me." Then she will stop and be glad to help you.

指導手順
1．あいさつ
　　Excuse me. Please lend me your pen. Thank you.

        Excuse me. Please tell me who is absent. Thank you.
2．復習（p.33）
　　① 全員で黙読　〈リーディング〉
　　② 立ち上がって音読。読み終わったら着席。
　　③ Q & A 〈リスニング〉〈スピーキング〉
        a．Can you find magic words on this page ?
        b．What are they ?
        c．Are they difficult to use ?
        d．If you don't use them when you should, what may others think you are ?
          What do others think ?
3．新教材提示
　　① 新出単語練習（教員の後について発音練習）
        conversation foreigner friendly suppose London
　　② 単語当て活動　〈リスニング〉〈スピーキング（口頭で答えさせる場合）〉
        a．a person from a foreign country…foreigner
        b．one more/ additional……………another
        c．the capital of England……………London
        d．acting like a friend/ behaving in a kind and pleasant way……………friendly
        e．to think believe or assume that something is true or probable…suppose
        f．pleased, delighted………………glad
        g．talking………………conversation
　　③ model reading（生徒は本を閉じて聞く）　〈リスニング〉
　　④ read and look up
　　⑤ 今日のポイント（アンダーラインを引く）⇒単文和文英訳〈ライティング〉
        イディオム―for example, walk up to, make up one's mind,

Suppose.
　　　構文——ア．無生物主語
　　　　　　　　"Excuse me" opens the door of conversation.
　　　　　　　　"Excuse me" shows you are friendly.
　　　　　　イ．It seems that…
　　　　　　　　He knows it.
　　　　　　　　It seems that he knows it.
　　　　　　　　He seems to know it.
　　　　　　ウ．分詞の形容詞としてのはたらき
　　　　　　　　a crying baby　　　a walking lady
　　　　　　　　a baby crying hard　a lady walking toward you
⑥ 内容説明
　　When do you use "Excuse me ?" How many examples can you find ?
　　What are the examples ?
　　　　Ex.1　When you want to help someone.
　　　　Ex.2　When you need help.
⑦ Consolidation
　　　ア．板書したポイントの復習
　　　イ．ひとり1文読む
　　　ウ．本を閉じて聞く
　　　エ．全員で buzz reading

　中学校英語はすべてが高校英語における「総合英語」です。中学を卒業して高校に入った生徒達は最初様々な科目の名称に戸惑うかもしれません。高校英語は総合英語である「英語Ⅰ」「英語Ⅱ」のほかに，「ライティング」「リーディング」「オーラル・コミュニケーション」があり，それぞれ的を絞って指導することになっています。これには，重点をおく目標が明確に決められているというやりやすさがある反面，他の領域をないがしろにしがちになる，という危うさを伴います。たとえば，「リーディング」

の授業においては，英語の解釈（主に英文法と和訳）に終始しがちになるということです。英語という生きている言葉の一領域だけを扱うのはやはり不自然なことであり，いくら「リーディング」の授業といっても音声指導もある程度取り入れ，また学んだことをもとにして英文を書いてみる，といった多面的な活動も時には指導計画の中に組み入れると，授業に変化が出てくるでしょう。また，高校英語の科目のひとつである「総合英語」は，その本当の趣旨を生かして，特に全領域（〈リーディング〉〈ライティング〉〈スピーキング〉〈リスニング〉）をカバーする工夫が求められます。「総合」とはいっても，どうしても〈リーディング〉技能中心になりがちですが，いかに他の３領域の指導を取り入れられるかが，今後の総合英語に求められている課題だと思います。

Chapter 8 *Beyond Subject's Boundary*
科目の枠をこえて

1. 「オーラル・コミュニケーション」での工夫：リーディングへの発展──

2. 「リーディング」での工夫：4技能を関連させた指導──

3. 「ライティング」での工夫：オーラルの要素を──

4. 「英語Ⅰ」での工夫：内容中心のリスニング・スピーキングへ──

前章で総合英語の指導について，中学，高校の両方で具体的に検討してきました。この章では，高校の「オーラル・コミュニケーション」とか「リーディング」というような英語の科目に焦点をあて，その指導にあたっても科目の枠にかたくなにとらわれないで，総合的に展開していく事例をいくつかあげます。その方が，授業がより生き生きし，内容中心に深まり，生徒の英語力の発達につながるからです。

そのような視点から，次の4つの授業を見ていきたいと思います。

1. 「オーラル・コミュニケーション」での工夫：リーディングへの発展
2. 「リーディング」での工夫：4技能を関連させた指導
3. 「ライティング」での工夫：オーラルの要素を
4. 「英語Ⅰ」での工夫：内容中心のリスニング・スピーキングへ

1. 「オーラル・コミュニケーション」での工夫：リーディングへの発展

「オーラル」関係の授業の弱点としてよく指摘されることは，内容が薄っぺらになり，活動が単調になりがちな点です。教科書を見ても，総合英語や「リーディング」の科目の教科書よりずっと簡単に見えます。しかもゲームをやったり歌を歌ったり，とくると「学問ではなく遊びだ」と言われる可能性があるのは否定できません。それを解決するひとつが「リーディング」や「ライティング」の活動を入れることです。ディベートに関しては「リサーチ」の重要性がよく説かれます。ディベートの発表のために膨大な資料を読破し，それをもとに自分の意見をまとめるのですから，ディベートを軽いゲームだ，などという人は少ないでしょう。それと同じ考えです。たとえば「リーディング」「ライティング」の活動を導入する段階もいろいろ考えられますが，大きく分けて2つあります。前述のディベートの例のように口頭発表の前にする場合と，スピーチ・ディスカッションなどの活動の復習，まとめ，発展としてそのトピックに関連した文章を読ませたり感想を書かせる，というものです。事前に読ませたり書かせることで，会話的な表現だけに終始しないで，しっかりした内容のことを適

切な語彙と文構造を用いて表現できることをめざすのです。また，事後に読ませたり書かせることで，自分が発表したり他人の発表を聞いた後で内容を確認したり，まとめて頭のなかで再構築することを目指すのです。

　どちらにせよ，「リーディング」や「ライティング」活動の導入により，ぐっと授業は深いものに変わります。また，リーディング自体も，単独で実施するときより，効果は大きくなるのは確かです。次に挙げるのは，簡単なディベート活動のあとにリーディング活動を導入したものです。

テキスト：*Departure Oral Communication I*（大修館書店）
　　Lesson 4　What Do You Do in Your Leisure Time ?

lie down
comfortable
good sound
watch again and again
can buy programs
watch anytime
go out
big screen
can stop and go to the bathroom
cheap
PAUSE
WC

（例・「ビデオ派」）You can stop the video and go to the bathroom, but you can't stop the movie at a theater.

（例・「映画館派」）I love to watch a movie on a big screen at a theater, otherwise I'm not very satisfied.

〈指導手順〉
1．Which do you like better, watching movies at a theater or watching videos at home ?
　　何人かの生徒に質問する。
2．クラスを半分にわける。縦に半分にして，向かい合わせる。半分をビデオ派，もう半分を映画館派とする。
3．ビデオ派には「ビデオの方がよい点」を，映画館派には「映画館の方がよい点」をできるだけ英語でたくさん出させる。
　　例）あ）You can stop the video and go to the bathroom, but you can't stop the movie at a theater.
　　　　い）I love to watch a movie on a big screen at a theater, otherwise I'm not very satisfied
4．黒板を縦半分に分け，それぞれ出された意見を板書する。文法等が間違った文でも，教師が直して板書する。通じた，という満足感を大切にする。
5．時間（3～5分程度）を決めておく。
6．次の3～5分で相手側が出した意見への反駁をさせる。たくさん出させるために，「屁理屈でもいい」ということにし，どんな意見でもでたら，反駁された意見を線で消す。
　　例）上記あ）に対して　You could go to the bathroom in the theater before the movie starts.
　　　　　→ビデオ派が出した　あ）の意見を線で消す
　　　上記い）に対して　Sometimes the screen is too big to see everything in a short time.
　　　　　→映画館派が出した　い）の意見を線で消す
7．最後の勝敗は，残った意見の数で決める，とする。
8．時間等の余裕があれば，さらに3～5分，消された意見の復活タイムを設けてもよい。
　　例）What if you suddenly want to go to the bathroom in the middle of a good scene ?

　　　　→あ）の意見復活

　　　A big smile of your favorite actor or actress is the best part of a movie and you don't need to see trifling things.

　　　　→い）の意見復活

　　復活した意見の文頭に○印をつける。
9．残った意見（9の○も数える）
10．同じトピックに関する次のような文を読ませる。
　　例）*Hot Topics for College Students*（1989，英潮社）
　　Unit Eight: Movie, Video or Book ?

　These days lots of people are buying VCRs and using a lot of their time watching rented videos. A lot of other people think this is a waste of time and believe that reading books is more fun and more valuable. Jennifer and Karen are talking about how to spend the evening.

（途中省略）

K:　Everyone has their own tastes, I guess. Well, how about going to a movie theater or watching a movie on video ? Which is more interesting for you ?

J:　Well, of course at the movies the screen is so much bigger and the special effects are more impressive.

K:　Yeah, I guess so, but there's more noise because of the audience, don't you think ?

J:　Yeah, but that's not so important, usually. I love to be surrounded by darkness and feel that the other people in the audience and I are looking at the same thing and feeling the same emotions. It's a little exciting.

K:　That's probably true for me, too. Sometimes, when the movie is a really bad one and people are laughing at it, it's funny to make jokes out loud in the dark.

> J: Yeah, I like that, too. Overall, if I had to choose a movie, a video at home, or a book, I'd choose the movie.
> K: Well, give me a good book any day.

★ポイント
1. 自分たちが考えた内容と同じトピックの文を読むときは，スキーマが最大限に活性されていることで多少むずかしくても，わからない語（句）があっても無理なく読める。
2. 言いっぱなしでなく，スピーキング活動の確認，発展が図れる。

2．「リーディング」での工夫：4技能を関連させた指導

　リーディングの授業は，細かい語彙・文法よりも，読む量と質に気を配りたいものです。そのためには，考えるヒントを与えて，質を高め，さらに読んだ後，自分の考えをまとめさせたり，また関連する内容の教材を与えると，効果は高まります。この際，非常に手軽で有効なのは他の教科書を利用することです。採用見本として送られてきたものを棚にしまっておくだけなく，どんどん使いましょう。多くの教科書が，「環境問題」「人生」「異文化理解」「平和」「友情」「スポーツ」などを扱っており，これを利用すると量が倍増します。生徒も既習の内容が参考になるため，抵抗が少なく読め，さらにその読み方も深くなることが期待できるのです。ここでは異文化理解を扱ったリーディングの教材を用いる際，スピーキング，リスニングをいかに効果的に指導できるか紹介します。

> テキスト：*Genius English Readings*（大修館書店）
> 　　Lesson 8　Overt Culture and Covert Culture
> このレッスン Section 3 の前半の内容は，「文化の違い，といってもスプーン・フォークと箸のようにみてすぐわかるものと，表面にはでてこないものがある。A rolling stone gathers no moss. をめぐる日・英と米

の解釈の違いが，後者の例である。」その後，こう続く。

> Another interesting example of the influence of covert culture can be seen in the experience of a Japanese food company that exported canned food to the Middle East. Though the company had confidence in its product, it was surprised to find that the product didn't sell well. Several employees set out to discover why. After much effort they finally discovered the reason for the poor sales. Can you guess what it was? Believe it or not, it was because each can had a picture of the sun on it!
>
> In Japanese culture, the sun has a positive image as the source of life itself. In fact, Japanese people show their respect for the sun by, for example, celebrating the sunrise on New Year's Day and using honorific expressions toward the sun such as ohi-sama. Thus, it is easy to understand why, in Japan, words which have something to do with the sun, such as asahi, taiyo, and hinomaru, are frequently used as the names of products, and pictures of the sun often appear on products.
>
> In contrast, people in the Middle East have a negative image of the sun. They suffer from the heat of the sun all the year round. Many crops, cattle and even people die from the intense heat of the desert sun. The sun, far from being the source of life, is actually a "killer" for these people. With a picture of the sun appearing so clearly on the can, it is easy to understand why people in the Middle East did not buy the Japanese company's product. Why should they choose to buy a product with a picture that reminds them of the harshness of their existence?

プレ・リーディング……次のような質問をして，生徒には自分のことを考えさせる。

1. What image of the sun do you have?

(答えがスムーズに出てこない場合は)
When you think of the sun, what word comes to your mind? Warm? Strong? What?
(warm, strong, nice, good, bright, hot, thankful, happy, red, orange, necessary, essential, indispensable...)

2. What food do they sell in the can that has a picture of the sun on it?

While-リーディング……次の質問の答えを探しながら読ませる。

1. Why didn't the canned food from Japan sell well in the Middle East?
2. What image of the sun do they have in the Middle East?
3. What picture would be better to put on the can in the Middle East?

ポスト・リーディング

1. What is the difference between overt culture and covert culture?
   解答例) Overt culture is culture you easily see by watching people from one culture. Covert culture, on the other hand, is culture that looks the same but when you look carefully is different.
2. Give an example of overt culture.
   解答例) What do you use to eat? A knife and fork? Or chopsticks? When you see a person eating, it is easy to tell what (s)he eats with.

   Give an example of covert culture.
   解答例) How do they interpret "A rolling stone gathers no moss." in Britain? In the same way as in the USA? You need to know how they feel about changing jobs, for example.
3. 他の教科書の似た題材の簡単な紹介をする。全体の要約ではな

く，話の途中でやめておく。生徒はその中の1つ興味をもったものを選ぶ。
4．生徒は各自自分が選んだものを読み，その内容をクラスで発表する。

例（レポート）

I chose No. 24 "Don't apologize !" In this story a Japanese guide and an American couple misunderstood one another. Their first misunderstanding was caused by "at the front." Both of them waited "at the front." This is a linguistic misunderstanding. But the cultural one is deeper and more complicated. The Japanese guide said, "I'm sorry" to make their relations run smoothly, but to the American couple, the guide's "I'm sorry" meant that the guide admitted that he was wrong. This is a good example of covert culture.

5．クラスの生徒は内容について質問する。

例（クラスからの質問と発表者の答え）

1) Where did the Japanese guide wait for the American couple ?

At the front desk.

2) Where did the American couple wait for the guide ?

At the front of the building.

3) Why did the American couple get angry when the Japanese guide said, "I'm sorry," ?

Because in that case "I'm sorry" means "I'm sorry that I'm late."

4) What would an American have done if he/she were the guide ?

He/She would argue in his/her own defense. He/She would say, "I'm sorry, there seems to be a misunderstanding, but I really have been waiting for you at the front for

an hour."
5) Don't Americans think smooth relations are important?
Many Americans tend to feel that getting at the truth is more important than smoothing things over.
6．その内容は overt culture か covert culture か考えさせる。
5，6は生徒の状況に応じてカットしてもよい。
英語で質疑応答するのが難しい場合は日本語でもかまわない。答える側はテキストを見てもよいので，英語の方がかえって簡単な場合もある。

3．「ライティング」での工夫：オーラルの要素を

　単文の和文英訳とは違った指導が，まとまった量の英文を書かせた場合必要です。ただ文法・語法やつづりのミスをチェックするだけでは不十分です。相手に自分の考えや言いたいことが伝わったか，がとても大切です。つまり英語の表面でなく，その内面の内容にあると言えます。その際効果的なのは，実際に自分が書いた文を他の生徒に読ませたり聞かせたりするということです。もちろん評価という点から教師が目を通すことは大事ですが，たまには視点をかえ，次のような活動を取り入れてみると生徒は活気づきます。だれだって，自分の作品が人にどう受け取られるか気になるものです。わかってもらえたか，人はどう思ったか，などです。

　次は生徒がリレーで英作文していく指導を紹介します。この活動の場合，英語の文法・つづりなどより，展開に生徒の関心が集中します。自分がその続きを書くのですから，人の欠点探しなどしている余裕はありません。そして出来上がった皆の作品を読み上げるときは盛り上がること間違いなしです。つまらなくたって面白いのです。自分が参加しているからです。自分が書いたことを他人が理解し，認め，発展させてくれたのですから。他人に認められるというのは誰だってうれしいものです。「書きたい」「書いてよかった」といかに思わせるか，が「ライティング」指導のコツ

ではないでしょうか。

テキスト：*NEW HORIZON English Writing*（東京書籍）
　　Lesson 4　Shoes Flying Everywhere
　INPUT

　　When I was shopping for shoes with a friend one day, I spotted a great-looking guy. I turned quickly to tell my friend about my discovery, but didn't see a table of shoes in my way. I knocked over the display and sent shoes flying everywhere. I definitely got the guy's attention！
　　ある日，くつを友達と買いに行ったときに，わたしはすごくかっこいい男の子を見つけました。このことを友達に言おうとして急に振り向いたので，目の前の陳列台に気がつきませんでした。それで，並べられたくつをひっくり返して四方八方に飛ばしてしまいました。私はバッチリ彼の注意を引くことができたのです。

　OUTPUT
　　INPUTの話の後に何が起きたか，可能性を友達とできるだけ多く考え，短い文章にしてみなさい。その中で自分が一番気に入ったものをINPUTと組み合わせて新しい話にしてみなさい。
　…………以上がテキストの指示。

　これをもとに，スピーキング・リスニングへの発展活動にする。
〈指導手順〉
1．生徒を5，6人のグループに分ける。
2．次の用紙をひとり1枚配布する。

　　When I was shopping for shoes with a friend one day, I spotted a great-looking guy. I turned quickly to tell my friend about my discovery, but didn't see a table of shoes in my way. I knocked over

the display and sent shoes flying everywhere. I definitely got the guy's attention !
① _____
② _____
③ _____
④ _____
⑤ _____

3．生徒は各自自由に続きの文を書き加える（①の文）。
4．書き終えたらグループの次の生徒にまわす。
5．回ってきた用紙の，別の生徒が書いた①の文を読み，その続きの文を②に書き加える。書き終えたら，次の生徒にまわす。
6．どんどん用紙をまわし，⑤（6人グループなら⑥）で話が終わるようにする。
7．書き終えたら，①の文を書いた生徒に用紙をそれぞれもどす。
8．自分が始めた話をよく読む。
9．I definitely got the guy's attention ! から続けて，その話の要旨を，紙を見ないでグループのメンバーに話して聞かせる。（難しい場合は書かれた文を読み上げるだけでよい）

〈初級レベルの例〉
I definitely got the guy's attention !
① He laughed at me.
② He came up to me.
③ He said, "Are you OK ?"
④ I was very happy.
⑤ I smiled at him.

〈中級レベルの例〉
I definitely got the guy's attention !
① He laughed and left the store.
② I started to pick up the shoes, feeling miserable.

③ Suddenly another boy came to me and started to help me.
④ He was not so handsome but he had a warm heart.
⑤ A person's heart is more important than their looks.

★お勧めの点
1．内容のおもしろさで書く気をおこさせる。
2．どの話にも自分が関与しており，ほかのメンバーの話を聞くときにも関心をもって注意をはらう。
3．発表する際，元の文があるので，まとめやすい。最悪の場合でも5つの文を読み上げればよい。他のメンバーは全部の文を見ていないので，ただ読んでいるだけなのかわからない。
4．次のようにさまざまな分野の機能を駆使する活動になりうる。
　　リーディング（与えられたINPUTの文を読む，前の生徒の書いた文を読む）
　　ライティング（続きの話を書く）
　　サマリー（読んだ文を要約する）……難しいのでカット可
　　スピーキング（出来上がった話を他のメンバーに伝える）
　　リスニング（5，6の違う話の展開を聞く）
5．聞き手は話の展開に関心があり，細かいミスなど気にならない。

4．「英語Ⅰ」での工夫：内容中心のリスニング・スピーキングへ

　ここでは生徒が内容に集中するあまり，英語の聞き取りが苦でなくなってしまう活動を紹介します。逆にいえば，日本語でやったらやや簡単に思える活動でも英語でやると，ちょっとしたアクセントがついた立派な活動になり，教室で英語を使うことに対する意欲が高まってきます。
　そして，英語の雰囲気が高まったところで挑戦したいのが「自分の意見を言わせる」活動です。いわゆるステレオタイプの「教室英語」から少し進み，生徒にどんどん英語を使わせる活動へと発展させるためには，充分口慣らしをしたうえで，インプットされた語句，表現を活用させる練習を

しましょう。「自分の意見を言わせる」活動の成否を握る鍵は、その前段階でのインプットでしょう。つまり「言いたい内容」と「それを表現する英語」の両方一度に頭を使うと、パニックになり、結局沈黙の方が楽だ、となる恐れがあるので、まず後者を充分練習し、英語表現に心配がなくなった段階で前者を目標にした活動に移ると、精神的負担が軽くなり、比較的スムーズに活動に参加できるようになります。

テキスト：*Genius English Course II*（大修館書店）
Lesson 7 Peter Rabbit saved the Lake District

> Peter Rabbit is a famous rabbit. He is a very popular character not only in Britain but also in other countries in the world. You probably have read the story of Peter Rabbit in a picture book.
>
> Beatrix Potter, the author of this tale and other picture storybooks, was born into a rich Victorian English family. She was educated by governesses and never went to school. Her parents didn't allow her to be with other children, so she had few friends.
>
> Instead, she kept various kinds of pets and enjoyed their company. Her two rabbits, Peter and his cousin Benjamin, were among her favorites. She loved them so much that she took them out in a basket wherever she went. In this way she passed her childhood days.

1．新出単語の意味の確認（定義クイズ形式）

本文の解釈に入る前に、新出語の意味確認を行う。英語の定義を聞いて、その日学習する範囲から答えの語を探す。辞書に載っているような定義のほかにも、生徒が楽しく考えられるものを出すといい。

Listen to the definition and find the word on this page. Are you ready ?

No. 1   A person in a book, play, movie etc. For example, Harry is

the main one in "Harry Potter Series." Hikaru Genji is the main one of the Tale of Genji.
　　　〈character〉
No. 2　A story. Usually an imaginative story. The mmmm...of Genji is a story Murasaki Shikibu made.
　　mmm...は「ムー」と数秒のばす。問題の語である印。No.1のすぐ後に出題するとなおわかりやすい。
　　　〈tale〉
No. 3　Victoria is a girl's name. What is its adjective? The adjective of "beauty" is "beautiful." The adjective of "importance" is "important." Then what is the adjective of "Victoria"? Think of the adjective of "America."
　　　〈Victorian〉
No. 4　To teach or train someone. This word is the verb of education.
　　　〈educate〉
No. 5　A female private teacher. This person usually teaches you at home. This word starts with a g and ends with an s.
　　　〈governess〉
No. 6　To let someone do something. When someone wants to do something, you say OK. Many students pronounce this word [əlóu] but this is wrong.
　　　〈allow〉
No. 7　Being with somebody else, being together. This word also means a firm, or an office.
　　　〈company〉
No. 8　The time when you are an adult is called "adulthood," and then what do you call the time when you are a child?
　　　〈childhood〉

★ひと工夫

新出単語だけでなく，ごくごく簡単な単語も入れると楽しい。また，英語が苦手な生徒もそれで助かる。

例) (1) An animal. Its favorite food is carrots. It usually has long ears.
　　　〈rabbit〉

(2) A child of your uncle or aunt.
　　〈cousin〉

(3) This is made of paper. It usually has many pages.
　　〈book〉

(4) This word means that the person is a woman. When you take the first letter away, you get a man.
　　〈she〉

(5) A building. Your favorite place. You usually visit it five days a week. You see a lot of nice people there. You learn plenty of wonderful things there.
　　〈school〉

2．内容把握チェック

　　口頭で聞き，口頭で答えさせる…………リスニングとスピーキング
　　口頭で聞き，答えを書かせる……………リスニングとライティング
　　質問を印刷し，答えを書かせる…………リーディングとライティング

問題例(1) What animal is Peter ?

(2) Who wrote the story of Peter Rabbit ?

(3) Where was Beatrix Potter born ?

(4) In which country was she born ?

(5) Did she go to school ?

(6) Why didn't she go to school ?

(7) Who taught her ?

(8) She had few friends and what did she enjoy being with ?

(9) She kept some rabbits. Give the names of two of them.

(10) When she went out, what did she always carry with her?

3．内容に関する個人の意見・考え

　テキストの内容が比較的簡単で，生徒が興味を持つものである場合，是非発展活動として進めてみたいものです。語彙，文法は一通り頭に入っているわけですから，"how to say it"から"what to say"へと進めるわけです。最初は生徒に戸惑いを与えることも考えられますから，Yes. No.で答えられるものから始め，次の段階で答えられなかったら，答えの選択肢を与えるとスムーズにいきます。たとえば，下の(7)の問題を出して，生徒が答えられないときは，Do you think she is happy? Or sad?などと助け船をだせば，簡単に答えられるでしょう。そして慣れてきたら，(10)や(11)のような問いかけをしていくのです。

　例) (1) Have you ever read a story of Peter Rabbit? If you have, how did you like it?
　　　(2) Please open your textbook to page 80. Look at the picture on the right. Who are they? Can you guess the names? How do you like this picture?
　　　(3) Do you like school? Do you want your own governess?
　　　(4) What do you like to do at home?
　　　(5) Do you have a pet?
　　　(6) Do you like drawing?
　　　(7) What do you think of a girl who doesn't go to school and has few friends?
　　　(8) What is your impression of Beatrix Potter?
　　　(9) What do you think Beatrix Potter was thinking while she was drawing Peter Rabbit?
　　　(10) Potter's books were loved by children all over the world. What did she use the money for? What do you think?
　　　(11) If you had 10,000,000 yen(一千万円), what would you like to do with it?

★ひと工夫

　この活動もやはりさまざまなバリエーションがあります。口頭でのQ＆Aでもよいし，復習テスト用に問題を印刷しておいて書かせることもできます。また，状況によっては，口頭で質問し，答えを書かせることも可能です。生徒の状況に応じて工夫ができます。いろいろな引き出しを用意しておくと，飽きなく楽しく授業ができます。

　この章で紹介したような科目の枠をこえた指導を通して，生徒は気づかないうちに内容に集中する結果，英語を伝達の道具として使うようになります。そして，英語ではっきりと自己表現するという積極的な態度がつちかわれることになります。とくに外国語で表そうとすると，母語と異なるので，明解な思考と言語表現が求められます。このように総合的に英語の授業を展開することによって，生徒のものの考え方やコミュニケーションへの態度にも貢献することになります。これこそが国際感覚をもった日本人の育成につながるでしょう。

Chapter 9

Dr. Oka's Clinic
岡先生の授業クリニック

1．中2：もっとスピーキングの活動を

2．中3：もっと発展的な活動を

3．高1：訳読を脱却して

前の第7,8章で強調した統合的な指導という視点から、いくつか普通の授業をクリニックしてみたいと思います。われわれ教師は、自分が教えられたように教える傾向がありますし、受験のためには訳読をしなければ通らないと思い込んでいる節があります。これまでの議論でもそうではないことをわかっていただけたのではないでしょうか。しかし、それでもなお実際の授業になると、どのように改善していったらいいのか、なかなか手がかりがつかめなくて悩みます。研究授業を見に行くと、ベテランの先生の名人芸や英語の達者な教員の独り舞台で、残念ながらあまり役に立たないこともあります。ここでは普通の先生が普通の授業でできることに照準を合わせて、日常の努力の中から英語教育を変えていきたいと思います。

この章では、次の3つの教室を訪問します。
1. 中2：もっとスピーキングの活動を
2. 中3：もっと発展的な活動を
3. 高1：訳読を脱却して

1. 中2：もっとスピーキングの活動を

授業者からのコメント：現在、「前時の復習→新出文の導入→本文の音読と解釈→ペアワーク→最後のまとめ」という流れで授業を行っています。自分としては、もう少しスピーキングの活動をさせたいと思っています。あと、できれば英語で授業をやりたいと思っています。アドバイスをお願いします。

Lesson 4　Homestay in the United States
Mrs. Jones:　Ken, did you make your bed ?
Ken:　　　　Make my bed ?
Mrs. Jones:　Yes. We all have to make our own beds.
Ken:　　　　OK. But I don't know how.
Mrs. Jones:　Really ? All right. I'll show you.

(*NEW HORIZON English Course 2*, p.39, 東京書籍)

授業をのぞいてみましょう。

活動	ねらい	内容
前時の復習	文法の目標のチェック	I have to speak English now. I don't have to speak English now.を読み上げての書き取りテストをします。隣同士で交換して採点させ，回収したあとで，その文を教師のあとについて読みの練習をさせます。
新出文の導入	未来を表わすwillを用いた文の導入	I will show you her picture tomorrow.いくつかの例文を使って，willが未来の状況で使えるようにします。
本文の音読と解釈	内容を理解して大きい声で読める	新出語の発音と意味を確認したあとで，本文をCDで聞かせ，1文ずつ生徒と意味を確認していきます。そのあと，教師のあとについて読ませ，自分で練習させます。
ペアワーク	対話練習	本文の読みとYour Turnをペアでやらせます。
まとめ	文法事項の確認	新出文 I will show you her picture.を教師が読んで，それをノートに書かせます。そして，音読を家での課題としてあたえます。

Dr. Oka のクリニック

　効果的な授業というのは，できるだけ多く生徒に「インプット」を与え，できるだけ多く「アウトプット」させることです。
1．英語で授業を効果的に行う秘訣として，次の3点に注意しましょう。
1）説明が多い授業ではなく，生徒が活動するコミュニケーション活動を授業の中心にすえることによって，説明を理解する授業ではなく，英語が使えるようになる授業を目指す。

2）活動の説明は，先生一人ではなく，理解していそうな生徒を指名して，デモンストレーションをする。

3）文法や語句の説明は，状況がわかる絵を使う。言葉だけでの説明をできるだけ避ける。

2．上の原則に基づいて，授業を構成してみましょう。

活動	クリニック	アドバイス
前時の復習	復習がテストでは，受験を前にした中3なら別でしょうが，中2では生徒がリラックスして勉強しようという気分になれません。そうすると，英語を発話する雰囲気が出にくいでしょう。	前時の授業に始まりは，アイスブレークと復習をかねて(a)単語ビンゴゲームまたは(b)会話による文法の復習のどちらかではどうでしょう。ビンゴゲームは，スピーキングの授業に必要な「ノリ」をもたらしてくれます。文法を使っての会話練習は，自己表現活動に欠かせないものです。ここでは，積極的に表現する姿勢を作ります。(a)(b)の例を下に示しました。
本文の理解（語句）	新出語の意味をすぐ日本語で与えてしまうと，英語での授業が難しくなります。絵を利用して理解させましょう。ここでの新出語句は，Mrs.とwillとmake one's bedですね。	Mrs.はMissがweddingのあとにMrs.に変わることを絵で理解させられます。 willとbe going toは，厳密には用法が異なる場合がありますが，中2なので，既習のbe going toと同じということで教えておきましょう。絵としては時間軸を使い，過去の時間軸にI was twelve.現在の時間軸にI am thirteen now.そして未来の時間軸にI am going to be fourteen.とI will be fourteen.を併記しておくと英語で説明して

			もわかるでしょう。make one's bed の絵は起きたばかりの乱れたベッドの絵ときちんとしたベッドの絵を用意しておいて示すと，簡単な英語で make one's bed をわからせることができます。
本文指導	この後に読解のページが続くので，ここは話すことの練習にしましょう。		意味を読み取る力を養成するレッスンと技能養成に重点を置くレッスンを分ける方が，最終的に4技能をバランス良く指導できます。このページは，英語でインプットを与え，そして英語でできるだけアウトプットさせましょう。
範読と生徒の音読指導	同じペースでの音読練習は，マンネリを産みます。1回ごとにハードルを高くしましょう。その方が，生徒の音読力は上がります。		・範読を1回行います。 ・フレーズ読みで教師について3回読ませます。 ・生徒に各自のペースで3回音読練習をさせましょう。（生徒の個人練習中，黒板にダイアローグを書きます） ・生徒の教科書を伏せさせ，黒板の文字を見ながら，テープについて読ませます。 ・2回目は，黒板のダイアローグの動詞を消して，テープについて読ませます。 ・3回目は，目的語を消してテープについて読ませます。 ・4回目は黒板の文字を全て消して，テープについて読ませます。

本文の暗記とペア練習	ペアワークはできるだけ，教科書を見ないでできるようにしたいものです。アドバイスの手順を守れば，教科書を見ないでペアワークができるようになります。できたら，Your Turn をペアで練習します。	・ペアを背中合わせに立たせたシャドーイングを行います。ペアの一人の子は教科書を持って，後ろ向きで読みます。もう一人の子は，その音声を聞きながらシャドーイングをします。この活動の良い点は，読む子は，後ろにいる子がきちんと聞こえないといけないので自然と大きい声が出るようになることです。 ・教科書を見ずに対話練習をします。 ・make one's <u>bed</u> の bed に breakfast, name card, study plan を入れさせて対話練習をさせます。 ・<u>make one's bed</u> のところに clean the room, wash the clothes を入れさせて対話練習をさせます。
まとめ	本文の読みの仕上げは，先生の前に来てペアで対話を実演します。それを評価しましょう。	評価の段階は，3：自然にできた。2：だいたい自然にできた。1：かなり不自然だった。程度で良いでしょう。このような評価活動を定期的に行えば，生徒の音読する力はどんどん上がっていきます。それとともに英語での自己表現能力もついていきます。

【前時の復習の練習】

a）単語ビンゴを使う場合：直近の授業で扱った単語 16 個を使います。教科書の文をそのままでもかまわないし，その単語を含んだ文 16 文を口頭で述べて単語ビンゴゲームをします。
・ビンゴでマスに入れさせる単語：grandmother, town, fire, festival, picture, August, week, rest, smile, gently, ground,

away, communication, important, perfect, housework
・先生が読み上げる英文例：
　I live with my grandmother.
　English is important.
　　I like communication with foreign people.

b）文法復習会話練習の場合：have to と don't have to を扱います。黒板に School begins at 8:30. I have to get up at 6:30. But we have no class on Sundays so I don't have to get up at 6:30 on Sundays と書いて，自分のことを指しながら，生徒に向かって読みます。次は生徒に「下線部を自分の状況で時間を変えて言いなさい」と指示して練習します。

2．中3：もっと発展的な活動を

　授業者からのコメント：主にやっている活動は，自分が昔受けてきた授業そのままで，予習として新出単語の意味調べと，本文をノートに訳して来させます。授業中は生徒一人ずつ指名して本文を読んで訳させ，できなかったところは多くの生徒ができないところですので，きちんと文法を指導します。それと力を入れているのが音読指導です。できれば，もう少し，発展的な活動を入れたいのですが。

Reading Plus 1　A Mother's Lullaby
　A big, old tree stands/by a road/near the city of Hiroshima.//Through the years,/it has seen many things.//
　One summer night/the tree heard a lullaby.//A mother was singing/to her little girl/under the tree.//They looked happy,/and the song sounded sweet.//But the tree remembered/something sad.//
　"Yes,/it was about sixty years ago.//I heard a lullaby/that night, too."//On the morning of the day,/a big bomb fell/on the city of

Hiroshima.//Many people lost their lives,/and many others were injured.//They had burns/all over their bodies.//I was very sad/when I saw those people.//

It was a very hot day.//Some of the people fell down/near me.//I said to them,/"Come and rest in my shade.//You'll be all right soon.//

(*NEW HORIZON English Course 3*，pp.36-37，東京書籍)

授業をのぞいてみましょう。

活動	ねらい	内容
宿題	家庭学習	単語調べと本文の意味調べを指示しています。
復習	音読力養成	前課を復習のために，教師について音読させます。
読む前の活動	生徒のスキーマ活性化	原爆の話なので，生徒の原爆についての知識を日本語で聞きます。
本文の聴解	学習する課の聴解活動	新出語の発音と意味を確認した後で，教科書を伏せさせ，本文をCDで聞かせます。どんなストーリーだったか，生徒に聞きます。
本文の解釈	英文を訳す力をつける	本文をCDで聞かせ，1文ずつ生徒をあて読ませた後，意味を言わせます。文を訳させると，生徒の理解度がわかると同時に，できていないところを解説するのに効果的です。理解できていないところは板書などで解説します。
音読	音読力養成	本文を理解した後で，本文の読み。
まとめ	英語でQ&A	音読後，本文に関する英問英答します。

Dr. Oka のクリニック

　訳読をしなくても，英語での質問を効果的に行うことによって生徒の理解を確かめられます。

1．質問によって効果的に生徒の理解を確認する上で，次の３点に注意しましょう。
1）読みに入る前に，本文のどの部分に注目するのかを示す質問を与えます。それを自分で読んでいる間に，解答させます。
2）質問の解答を確認しながら，質問になかった文についても，本文を読めば答えられる質問を口頭で聞いていきます。
3）教科書を閉じさせて，質問を本文の流れにしたがって，聞き直します。本文を教科書見ずに再生することになります。

2．上の原則に基づいて，授業を構成してみましょう。

活動	クリニック	アドバイス
前時の復習	復習を音読で行うことはいいと思います。	音読だけですと，単調になりがちですので，活気づける必要がある時には，ビンゴで単語を復習したり，歌で英語のリズムや発音を教えることもいいでしょう。
読む前の活動	家庭学習で単語を調べさせ英文和訳させるのは，その勉強量のため脱落者を作りやすいし，訳さないと気が済まない学習者を作りかねません。家庭学習をさせたい時は，新出単語の動詞の意味は与え，本文のどの部分に注目	本文のどの部分に注目するのかを示す質問 (Attention Pointer Questions) まず，読みに入る前に，Attention Pointer Questions を口頭で与えて，生徒に書き取らせます。つづりや聞き取りの難しい語句等は板書しましょう。Attention Pointer Questions は，各パラグラフで１つか２つずつ，本文の記述をほぼそのまま使って答えられる質問です。該当の教科書の部分では，次の質問が考えられます。 　1）Where does a big, old tree stand ?

	するのかを示す質問を宿題として出す程度がいいのではないでしょうか。もちろん，授業の最初に与えることもできます。	2) What has the tree seen through the years? 3) Who was singing to her little girl? 4) What did the tree remember? 5) What did the tree hear about sixty years ago?
本文の音読	本文の音読は，センスグループで意味がとれる力を養成するためにフレーズ読みがいいでしょう。	まず，新出語の発音練習を行ったあと，1回範読を行います。つづいて上の本文に示したフレーズ読み（スラッシュの付け方についてはp. 99を参照）で教師の後について読ませます。このフレーズ読みは最低3回行いましょう。
本文の解釈	本文の意味を一文ずつ訳させてチェックする方法でなくても，質問を答えさせることによって，理解をチェック出来ます。また，この方法だと英語をたくさん使った授業ができます。	生徒に各自のペースで3回音読練習をさせたあと，生徒は，先程書き取った質問の解答を書くように指示します。生徒を指名して，先程の質問の答えを聞きます。そして，質問になかった文についても，本文を読めば答えられる質問を口頭で聞いていきます。つづりや聞き取りの難しい語句等は板書する方がいいでしょう。該当の教科書の部分では，以下の質問が補充質問として考えられます。 What did the tree hear one summer night? How did the mother and the child look? How did the song sound?
音読と暗記	音読させながら本文を暗記できるように指導しましょう。	テープかCDの音声に遅れずに読ませる練習をします。最低3回は行いましょう。その後，教科書を閉じさせて，Attention Pointer Questionsと補足質問を本文の流れ

		にしたがって，聞き直します。あてられた生徒が答えたら，クラス全員でリピートさせます。結果的に，本文を教科書見ずにリピートすることになります。必要に応じて，つづりや聞き取りの難しい語句は板書したり，教科書のさし絵を拡大コピーして黒板にはったりして，ストーリーの流れの確認の助けにします。そうすると，だいたい生徒は，本文を暗記できます。
まとめ	本文の読みの仕上げは，先生の前に来てペアで対話を実演します。それを評価しましょう。	評価の段階は，3：自然にできた。2：だいたい自然にできた。1：かなり不自然だった。程度で良いでしょう。このような評価活動を定期的に行えば，生徒の音読する力はどんどん上がっていきます。それとともに英語での自己表現能力もついていきます。

3. 高1：訳読を脱却して

授業者からのコメント：現在，「先輩教員にいわれて，試験に対応するために，新出語の意味調べ，本文の和訳の予習を課し，授業で1文ずつ指導する文法訳読式をやっています。予習をしてこないいわゆるやる気のない生徒が次第に増えてきて，この指導方法は良いのだろうかと迷いながら行っています。アドバイスをお願いします。

> Lesson 9 How Fast Does Your Clock Tick？ Part 2
> 　One Japanese scientist has done a lot of research in this area. He says that organs such as the heart and the lungs of all mammals, including humans, can be regarded as built-in clocks. They constantly tick away, measuring how much is left of their lifetime.
> 　The principle of these built-in clocks is very simple. Regardless of

the individual or the species, each body clock ticks nearly the same number of times and then stops. But they tick slowly for big and heavy animals, and fast for small and light animals.

　Elephants and whales, for example, have clocks that tick slowly. Mice and cats, on the other hand, have clocks that tick fast. A mouse's heart beats about 600 times every minute but that of an elephant beats only 20 times. All mammals breathe once while their heart beat 4.5 times. So a mouse breathes about 130 times every minute, and an elephant breathes about 4.4 times.

(*Milestone English Course 1*, p.93, 啓林館)

授業をのぞいてみましょう。

活動	ねらい	内容
前時の復習	既習の語を定着させる	単語テスト。
新出語の導入	新出語について指導	生徒は予習で新出語の意味を調べてきているので，CDについて，2回ずつ発音させる。
本文の音読	大きい声で読める	予習の段階で，生徒は大意をつかんでいると思うので，本文をCDで1回聞かせ，指名し1人1パラグラフずつ読ませます。
語句指導	語句を理解させる	目標の文法項目があれば，文法を指導しますが，このパートにはないので，語句について指導します。
本文解釈	本文の意味の確認	生徒は，予習してくることが前提なので，指名して予習した本文の意味を言わせます。おかしい訳がある場合は板書して解説します。

| まとめ | 本日の学習の定着を図る | 本文を音読させます。重要な語句についてもう一度確認します。 |

Dr. Oka のクリニック

　やる気を継続させる授業というのは，生徒が乗り越えやすいように，小さなタスクを多く作って，それを乗り越えるごとに，評価することです。

　高校ではある程度長い英文を読ませる指導をされる学校が多いでしょう。本来，「読むこと」は教室外で行われるべきであるので，学習者に予習で読ませること自体には問題がありません。しかし，高校１年生に，「新出語の意味と本文の和訳」をノートに書くという課題は，かなり負担がかかりすぎるといえます。「新出語の意味と，本文の和訳」をノートに書く予習は訳読式授業に対応するために生まれた方式で効果的かもしれませんが，非常に多くの労力を必要とし，多くの脱落者を作ります。そうなると，同じ教室でも学習者のレディネスがバラバラで効果的な指導を行いにくくなります。長い英文を読ませる指導の場合，学習者にして欲しいことは，予習で，本文を読んで意味をつかもうとする努力をして，理解できる文と理解できない文にわけて授業に望んでほしいことです。

このような方法はいかがでしょうか。
1．新出単語に訳と，本文のコピーと，本文を読んでいくための質問を載せた予習プリントを各課に作り，生徒に渡す。
2．生徒は，予習として，新出単語の訳を参照し，質問に答えながら本文を読んでいく。そして，本文のコピーに読んでわからない文に下線を引く。
3．授業の前日または当日の朝に集め，全てのプリントをチェックし，予習の実施率を上げるとともに生徒の理解度を把握する。生徒が多く下線を引いた文を念入りに指導する。
4．単語テストは，音声指導もでき，楽しんで参加できるビンゴにする。

上の原則に基づいて，授業を構成してみましょう。

活動	クリニック	アドバイス
前時の復習	復習がテストでは，生徒がリラックスして勉強しようという気分になれません。授業の前にノリをよくしましょう。	前時の授業に始まりは，アイスブレークと復習をかねて単語ビンゴゲームはどうでしょう。また，前時で学習した本文については必ず音読し，簡単なQ＆Aを英語で行います。
新出語句の理解（語句）	フラッシュカード使って，スペリングと発音を定着させましょう。	始めのうちは，単語を引くことがいやで予習をやらない生徒がいますので，予習率をあげることに重点をおきます。そのため，予習プリントで全ての新出単語に和訳を与えてもかまいませんが，辞書を使う訓練も必要ですので，次第に，調べさせる数を増やしていきます。
本文指導	生徒は文の意味をきちんと理解してからの方が自信を持って大きな声で読みます。	全ての生徒が，下線を引かなかった部分は訳す必要がありません。多くの生徒が線を引いた部分を念入りに解説します。また，予習であたえる質問は，生徒の習熟度が高ければ英語で与えますが，そうでなければ日本語でいいでしょう。その質問に生徒がうまく答えられていない部分について解説します。

範読と音読指導	同じペースでの音読練習は，マンネリを産みます。1回ごとにハードルを高くしましょう。その方が，生徒の音読力は上がります。	音読は，英語の発話に自信を持たせる意味からもまた，指導した教材を定着させる意味でも重要です。きちんと指導しましょう。音読の指導の仕方は，p.198〜を参照してください。

〈読むための質問例〉

> 1．ある日本人科学者によると，心臓や肺のような器官は何をしているのですか。
> 2．体内時計が早く進む動物は？　遅く進む動物は？
> 3．象の1秒間の心拍数は？
> 4．ねずみは1秒間に何回呼吸する？

この質問を英語にしたものを，次回の授業の「前時の復習」で，音読が終わったあとの英語のQ＆Aで使うこともできます。

PART FOUR

Presentation/Evaluation

発展的指導/評価

Chapter 10 *Speech, Presentation*
プリゼンテーションの指導

1．あるスピーチの授業
2．気楽に始めるプリゼンテーション指導
3．オーラル・インタープリテーション：音読指導
4．中学1年のプリゼンテーション：感情を込めて生き生きと
5．中学3年のプリゼンテーション：Show & Tell
6．高校2年のプリゼンテーション：テキストの内容について
7．本格的なスピーチの指導

1. あるスピーチの授業

　アメカ合衆国カリフォルニア州のある高校の授業を紹介したいと思います。15人くらいの11年生（日本の高校2年）の選択科目です。この学校では毎日同じ授業があるので，「スピーチ」のクラスをとった生徒たちには毎日このクラスがあり，そして毎日全員が2, 3分程度のスピーチをするのです。

　先生はまず「本日のスピーチ」について説明します。「人を驚かすスピーチ」「人を怒らせるスピーチ」「人を感動させるスピーチ」「へぇ〜と思わせるスピーチ」……といった具合です。驚いたことに，「じゃ，授業を始めます。今日は『人を怖がらせるスピーチ』をするよ。」と先生がおっしゃったとたん，数人が前に進み出るのです。何をしに行くのだろう，と思ったのですが，その生徒たちがじゃんけんを始めるのをみてわかりました。誰が一番初めにスピーチするか決めているのです。信じられませんでした。日本の教室ならほとんどの生徒が，

①「えーっと。何について話そうかな」と考え込む
②話す内容が決まったら，要点を日本語でメモする
③英語に直す
④暗記する

という具合に，最初なら30分くらいかかるのではないでしょうか。じゃんけんしている生徒は，立って歩きながら考えたとしか思えません。じゃんけんが終わり，勝ったRichardという男子生徒が教壇に立ちました。まず，クラスをじっと一回り見て，"Good morning, ladies and gentlemen."と始めました。あれあれ本当に始めた，と思っていると，次のように続けました。

　Do you want to smoke? I had an uncle who died of lung cancer. それからこのヘビースモーカーだった叔父さんが，癌になってからどんなにつらく苦しい毎日を送ったか，を具体的な体験をとおして語りました。そして締めくくりが

　Now you guys, do you still want to smoke? Thank you. でした。

大拍手。アメリカ人ですから英語がうまいのは当たり前ですが，その迫力に参りました。迫力，といっても声が大きかったとかじっと見つめられた，ということではないのです。スピーチをしたくて，自分のことを聞いてほしくてたまらない，というその態度，姿勢に圧倒されたのです。ぼーっと拍手をしていると，後ろから拍手をしながら Mary が前に進み出てくるのです。じゃんけん2番の生徒です。Richard のスピーチに刺激を受け，さらにやる気になった，という勢いです。

　こういう授業に毎日参加しているアメリカの生徒と，50分じっと黙って板書を写している日本人の生徒が，20年後国際会議や日米交渉の場で向かい合ったらどうなるか，と考えたら怖くなりました。会議が始まる前にもう勝負が決まりかけているような気がしたからです。

　全員がスピーチをあっという間に終えたところで，先生は簡単な，実に簡潔な講評をするのです。「Richard のスピーチを聞いている間，本当に私は怖くなった。今日のベストスピーチである。『怖がらせる』という目的を達成したほかに優れた点は，スピーチの最初の文と最後の文が見事にマッチしていることである。内容も形式も素晴らしいスピーチであった。もう一度彼に拍手を」という調子です。

　先生は，「スピーチとは」「形式とは」「構成は」などと長々と説明することは一度もありませんでした。とにかくどんどんスピーチをさせるのです。自分の成功や失敗，そしてクラスメイトの成功や失敗を見て聞いて，生徒は肌で学んでいくのです。もちろん高校以前からの教育の中で，生徒たちは学ぶ場があったのかもしれません。アメリカの文化全体が「自分を主張すること」を大切にするからというのもあるでしょう。長い歴史の積み重ねの中で築き上げられた文化のほんのひとつの断面かもしれません。

　英語を学ぶ際，そして指導する際，言葉と一体になったこのような文化も生徒たちに伝える必要があります。沈黙を尊ぶ日本文化を否定するということではもちろんなく，英語を学んでいる生徒たちに，英語の背景となる異文化に触れさせることは国際理解にとって重要になります。スピーチ指導はその意味でもとても有効だと思います。

2. 気楽に始めるプリゼンテーション指導

　本格的なスピーチ指導は,「オーラル・コミュニケーション」の授業以外では難しいでしょう。それに関する詳しい説明は209ページ以降をごらんいただくとして,ここでは,気楽にいつでも実践できるスピーチ活動をお勧めしたいと思います。その際,指導方法はたくさんありますが,とりあえず目標として「1分間クラスの前に立ち,自分の意見をのべることができること」を目ざすのはどうでしょう。内容は問わない,発音は問わない,文法ミスも聞いている人に通じるなら問わない,という具合です。一度にたくさんのことを要求するのは無理です。どうしても内容重視というお考えなら,スピーチ原稿を提出させ,内容は別に評価するという手もあります。

　この章では,まずふだんの授業におけるプリゼンテーション活動から始めます。最初は,生き生きと音読することからスタートして対話をプリゼンしたり,Show and Tell のような活動が利用できます。少し上級になると,教科書の内容について調べてプリゼンさせ,最後に,本格的なスピーチに進みます。

●オーラル・インタープリテーション
　　①教科書の音読練習
　　②音読の発表
　　③テキストの文を暗記させ,クラスで発表させる
● Show & Tell
●教科書の内容に関するスピーチ
●本格的なスピーチ

指導において,このような段階を踏むとスムーズに行くでしょう。

3. オーラル・インタープリテーション：音読指導

　まずは,身近な教科書を感情をこめて音読する指導から始めましょう。これなら毎時間実践可能です。生徒の心理的抵抗も小さいでしょう。同じ

文章を「楽しそうに」「いらいらして」「驚いたように」など様々な感情を込めて読む練習を積むと，プリゼンテーションの次の段階の指導にとても役にたちます。

テキスト：*Unicorn English Course II*（文英堂）
Lesson 1　A Volunteer in Mali
アフリカのマリで活動している女性の話。その村上さんは，日本のNGOの活動に参加し，その後カラ（西アフリカ農村自立協力会）としての活動を続けている。

(p.9)　Interviewer: Is malaria a serious problem in Mali ?
Murakami: Yes, I myself caught malaria. It was the first rainy season after I arrived in Mali. A young man I knew took me to the hospital 27 km away on his moped. A cold, strong wind was blowing. He was quite worried about my health because I had a high fever and was very weak. Later I found out that he himself had malaria at that time !

☆心を込め，大変だったこと，驚いたこと，感動したことを伝えるように

(p.11)　Interviewer: Could you tell us something you've learned through your activities in Mali ?
Murakami: I've learned to interact with everyone in an honest manner. When I have to scold someone, I often shout at them, but on sad occasions, I cry with them, and on happy occasions, I share great joy with them.

☆怒るとき，悲しいとき，うれしいとき，の場面に応じた読み方をするように

4. 中学1年のプリゼンテーション：感情を込めて生き生きと

テキスト：*NEW CROWN ENGLISH SERIES 1*（三省堂）
　　　　　LET'S READ 2　A Miller and a King（pp.74, 75）

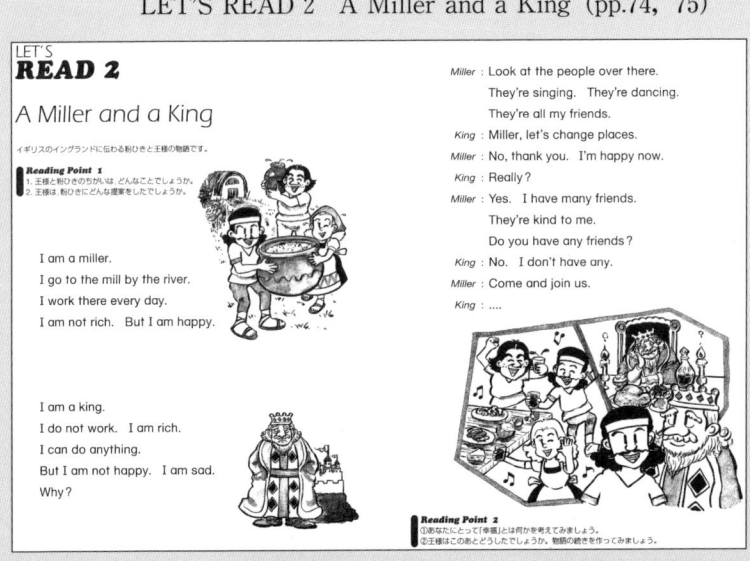

LET'S READ 2
A Miller and a King

イギリスのイングランドに伝わる粉ひきと王様の物語です。

Reading Point 1
1. 王様と粉ひきのちがいは、どんなことでしょうか。
2. 王様は、粉ひきにどんな提案をしたでしょうか。

I am a miller.
I go to the mill by the river.
I work there every day.
I am not rich. But I am happy.

I am a king.
I do not work. I am rich.
I can do anything.
But I am not happy. I am sad.
Why?

Miller : Look at the people over there.
　　　　They're singing. They're dancing.
　　　　They're all my friends.
King　 : Miller, let's change places.
Miller : No, thank you. I'm happy now.
King　 : Really?
Miller : Yes. I have many friends.
　　　　They're kind to me.
　　　　Do you have any friends?
King　 : No. I don't have any.
Miller : Come and join us.
King　 : ....

Reading Point 2
①あなたにとって「幸福」とは何かを考えてみましょう。
②王様はこのあとどうしたでしょうか。物語の続きを作ってみましょう。

〈指導手順〉
1. テキストを見ずに CD を聞かせる。
2. miller について聞きとった内容を生徒一人一文ずつ言わせる。
3. king について聞きとった内容を生徒一人一文ずつ言わせる。
4. 教科書を開かせ，新出単語，文法指導。
5. 簡単な解釈。
6. Oral Interpretation
　　生徒をペアにし，miller と king になり，感情をこめて読む練習をさせる。

7．発表させる。
8．宿題〈物語の続きを考えさせる〉
　　厚紙を配布し，表に絵を描き，裏に物語を書かせる。
9．順番に発表させる。
　　発表の最後に"Thank you."と言うことを指導する。日本人的な発想で"That's all."という生徒も多いが，それにあたる英語の表現が"Thank you."なのだと納得させる。また，終わり方がわからず，発表が済んでももじもじしている生徒がたくさんいるが，Thank you.の指導でそれを防ぐことができる。

●生徒の作品例●

> ジョインス ミラズ
> The king joins miller's.
> 王様はミラの仲間に加わりました。
>
> ワーク
> He hard works every day.
> 彼は毎日一生懸命働きました。
>
> But he's not sad.
> しかし彼は悲しくありません。
>
> He is very happy.
> 彼はとても幸せです。
>
> They're singing and dancing.
> 彼ら(王様とミラ)は唄って踊っています。
>
> The king discover truth happy.
> 王様は本当の幸せを発見しました。
>
> thank you

物語の例1

King: Can I join you?
Miller: Of course. Let's sing and dance together. We are friends.
King: Thank you. I didn't have any friends. So I was very sad.
But I am happy now. Thank you very much!　(Thank you.)

例2　Left after several months. King said, I am a king. I am rich. But I work every day.
I have many friends. I am not sad. I am very happy.　(Thank you.)

例3　The King joins miller's. He hard works every day. But he's not sad.
He is very happy. They're singing and dancing. The King discover truth happy.　(Thank you.)

例4　King: Can I join you?
　　　People: Of course!
　　　King: Thank you very much.
　　　King is singing. King is dancing. King is very happy. King has many friends now.　　(Thank you.)　　　　（原文のまま）

10．ひと工夫

　生徒が発表するとき，ビデオを撮ると雰囲気が盛り上がります。もうひとつやりやすい雰囲気をつくるコツはテキストにある物語の最後の部分を聞いている生徒が読み，それに発表する生徒が続けるというものです。この場合なら，

> Miller: Do you have many friends?
> King: No. I don't have any.
> Miller: Come and join us.

という部分をクラスの左半分が miller，右半分が king になり毎回読み上げるのです。何回も言っているうちに，not 〜any や命令文もマスターするというおまけつきです。

　発表する生徒は自分が描いた絵をクラスに見せながら自分が作った物語を聞かせるのです。自信がなかったり，緊張したら絵の裏に書いてある物語を読むことができます。もちろん「暗記してきたらポイントプラス」と指示しておけば，暗記してくる生徒が多くなります。これは次の段階の Show & Tell に結びつく活動になります。いきなりスピーチ，といわれても戸惑う生徒が多いでしょう。この活動だと，話の方向がだいたい決まっており，使う表現も概ねテキストの本文にあるので，やりやすいでしょう。

5．中学3年のプリゼンテーション：Show & Tell

　プリゼンテーション指導の初期段階で，ぜひ生徒にやらせたいのが

Show & Tell です。アメリカなどでは小学校からどんどん指導しているようですし，日本の中学・高校生に比較的抵抗なく指導できる活動です。なんといっても小道具があるのでわかりやすくなり，聴衆の関心はその小道具に集まります。その分発表者の緊張はずいぶん和らぎ，しかもその小道具のうしろにちょっとしたメモを貼っておくこともできるのです。緊張して覚えた英語を度忘れした，というときの大きな味方になります。本格的なスピーチなどとても，という場合でもこの Show & Tell はぜひクラスでやらせてみましょう。ひとり1分だとしたら，1時間でクラスの全員ができるでしょう。また，毎時間のちょっとしたポイントとして，1日2人程度させる，ということもできます。その際，ターゲットとなる文法事項を入れることも可能ですし（次の例），レッスンの内容に関したものでもできますし（たとえばキング牧師を扱ったテキストを読んだあと「尊敬する人」というテーマで），まったく自由な題材（自分の大切なものを持ってきてそれを紹介する，家族のひとりを紹介するなど）でもできます。大切なのは，生徒が「あ，それなら自分でもできるな」と思うようにすることです。簡単な例を見せたり，出だしの文を与えたり（次の例），教師が小道具を用意してもいいでしょう（雑誌から様々な写真を用意して生徒に選ばせるなど）。

テキスト：*NEW HORIZON English Course 3*（p.33, 東京書籍）
　　まとめと復習　3　ever, never などとともに……「いままでに〜したことがある［ない］」
〈指導手順〉
1．現在完了と過去形の違いを復習する
2．テキストにある例文の音読と解説
3．Show & Tell の準備を指示する
　　①好きな場所をひとつ選ばせる。行ったことがなくてもかまわない。
　　②絵葉書，写真などを用意させる。なかったら生徒が自分で描いて

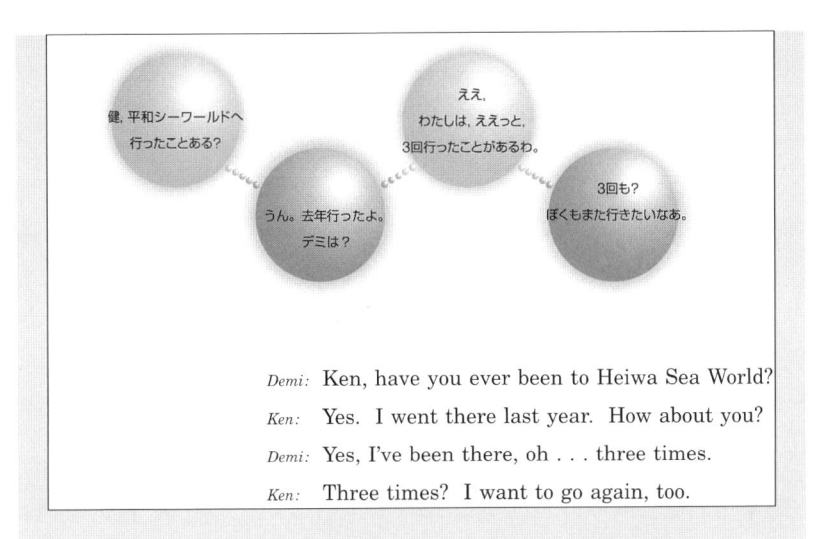

> 健, 平和シーワールドへ行ったことある？
>
> うん。去年行ったよ。デミは？
>
> ええ, わたしは, ええっと, 3回行ったことがあるわ。
>
> 3回も？ぼくもまた行きたいなあ。

Demi: Ken, have you ever been to Heiwa Sea World?
Ken: Yes. I went there last year. How about you?
Demi: Yes, I've been there, oh . . . three times.
Ken: Three times? I want to go again, too.

もよい, とする。また, 図書館などから本, 雑誌を借りてくることもできる。

③②を見せながら, クラスに発表する内容を考えさせる。

④書き出しの例を与える。生徒の状況に応じて自由でもかまわない。

例1 （その場所に行ったことがある場合）

Have you ever been to Hokkaido ? I went there last winter. Look at this picture.

例2 （その場所に行ったことがない場合）

Have you ever been to Hawaii ? I have never been there. Please look at this. I really want to see this Waikiki Beach.

4. ひと工夫

生徒に写真や絵はがきがなく, 困っているような場合は, 教師が様々な本や雑誌から切り抜いたものをたくさん用意しておくとスムーズにできます。また, 場所だけでなく, 様々な物を用意して "Have you ever seen〜?" などを使わせてもいいでしょう。現在完了にこだわらず, 自由な文を使う Show & Tell の活動に発展させることも可

能です。

生徒の作品例
　富士山の写真を見せながら

> 　Have you ever been to Yamanashi? My father was born there so I have been there many times. My grandmother often says, "*Hokei*?" This means, "Really" or "Is that so?"
> Look at this picture. Yes, this is Mt. Fuji. Mt. Fuji is very big in Yamanashi. Please go to Yamanashi and see Mt. Fuji. Thank you.

6. 高校2年のプリゼンテーション：テキストの内容について

　クラスの前で話すことに少し慣れてきたら，今度は内容に深みを持たせたプリゼンテーションをさせてみましょう。手軽にできるのは，テキストの内容に関する発展的なスピーチです。有名な人の生き方を扱った課を指導した後，その人についてさらに調べさせ，その内容をレポートさせるというものです。高校「英語II」の教科書の Aung San Suu Kyi を扱っている課で，「ミャンマー」や「スーチー氏」などについて何でもよいから調べたことを発表させる指導例を紹介します。生徒には，その課に入る数か月前から資料を集めるよう伝えておくともっとスムーズになります。

> テキスト：*CROWN English Series II*（三省堂）
> 　　Lesson 8　Freedom from Fear（pp.107-118）
> 　　　　Part 1　ミャンマーの地理，気候，歴史
> 　　　　Part 2　ミャンマーの民主化に寄せるスーチー氏の思い
> 　　　　Part 3　ノーベル賞委員会が発表した声明

〈指導手順〉
1．アウン サン スー チーに関して新聞記事を集めるよう指示する。
　　Lesson 8 を扱う3か月前くらい。夏休み後に授業で扱う場合，夏休みの宿題にする。
2．Lesson 8 に入る前に，スピーチ発表について連絡する。
　　　時期：Lesson 8 に入る初日から
　　　内容：ミャンマー，スーチー氏，ノーベル賞などに関するものなら何でも
　　　所要時間：1〜2分
　　　道具：何をもってきて見せてもかまわない。持ってこなくてもよい。
　　　その他：評価の対象は次のとおり
　　　　　やる気（4点），内容（3点），聞いている生徒にどの程度伝わったか（3点）（発音，文法は問わない）
3．順番を決める
　　やりたい順，というのはなかなか無理なので，じゃんけんなど。2回目の場合は，1回目と逆，という方法もあり。「1番と2番には無条件で10点満点を贈呈」としたら，1人手をあげる生徒がいたことがある。ちなみに，このやり方で中学生はかなり手をあげる。
4．発表
　　もう本番になったら，とにかくほめる。まずいスピーチでもどこかいい点があるはず。
　　「みなが知らないことを調べたね」
　　「笑顔がよかったね。スピーチには大事な要素だ」
　　「見せた資料が効果的だった」　などなど。
5．注意点
　　英語のスピーキングに自信がない生徒のために，次のように指導する。
　　「どんなにすばらしいことを言っても，聞いている人に伝わらなかったら何にもならない。」

①ぺらぺら速くしゃべると誰も聞き取れない。(帰国生や留学経験者は要注意。)これは,実は話すことに自信がない生徒への励ましのメッセージ。
②難しい単語厳禁。中学程度の単語を使うべし。これも,自信がない生徒への激励メッセージ。どうしてもスピーチの内容に必要な難しい語は,休み時間に黒板に書いておき,スピーチしながらその語を使うとき指差すこと。
③「うまい英語の小さい声」より「へたな英語の大きい声」の方がずっといい。最後列の人に言うくらいの感じで。
6．生徒が発表につかった小道具はできたらもらっておく。次年度の生徒にサンプルとして見せることができる。
7．生徒のスピーチ題目の例

1	スーチー氏の一生	2	スーチー氏と日本
3	スーチー氏の夫について	4	スーチー氏の子供について
5	アウンサン将軍	6	ミャンマーの歴史
7	ビルマ語	8	ミャンマーの教育
9	ミャンマーの高校生	10	ミャンマーの歌
11	ミャンマーの休日	12	ミャンマーの魅力

40人のクラスで,2つ題が重なったが,それは当然予想されることであり,自分が用意したものを変更する必要は全くないことを前もって指示しておく。

8．スピーチの効果
①人に自分が調べたことを聞いてもらう,という体験をさせる
②教科書の読みが格段に深くなる
③スーチー氏やミャンマーについて受動的でなく能動的に学習する
④〈スピーキング〉(発表),〈リスニング〉(発表を聞く),〈リーディング〉(インターネットなどで調べた資料を読む),〈ライティング〉(原稿準備)と全ての領域の学習ができる

7. 本格的なスピーチの指導

　少し人前で発表することに慣れたら，今度は形式を整え，効果的な表現を用いて深みのあるスピーチに挑戦させたいものです。日本人はスピーチが下手だ，とよく言われますが，一番の原因は「慣れ不足」でしょう。そして，同じ内容でも，スピーチの体裁，気の利いた言い回し，ところどころにちりばめられたユーモア，発表の仕方などにより，聞いている人の心にさらに深く届きます。

　日常会話と違い，スピーチをするには何らかの「目的」があり，ある程度の「形式」にのっとって「準備」する必要があります。インターラクションが多い普通のコミュニケーション活動と違い，スピーチは一方的な活動の部分が大きくなります。ぼそぼそと原稿を読み上げるだけにならないように，入念な指導が大切です。聞いている人にわかってもらうことが第一であることを忘れてはいけません。そのためには英語の fluency とともに明確な構成がもとめられるわけです。コツを飲み込んでしまうと，授業の活性化にもつながり，生徒の発話を促す上でも大きな効果を上げることができます。

〈スピーチとは何か〉
　話し手がある目的をもって，聞いている人たちに口頭で話しかける活動

〈スピーチの目的〉
1. Speech to Entertain
   聞いている人たちを楽しくさせるスピーチ。(例　結婚式披露宴での友人の楽しいスピーチ)
2. Speech to Inform
   聞いている人たちにある情報を与えるためのスピーチ。(例　修学旅行前の説明会のスピーチ)
3. Speech to Persuade
   聞いている人たちに自分の意見・信念を説き，説得するスピーチ。最も多い種類。(例　選挙前の政党演説)

4．Speech to Actuate
　　聞いている人たちに行動を起こさせるもの。(例　街頭で募金を呼びかけるスピーチ)

もちろん，多くのスピーチは，上の目的を複数含んでいるものも多くあります。

> 例) アジアでは，幼児死亡率が非常に大きい国があります。予防接種をすれば多くの子どもたちが助かるのです。300円で6種類の接種ができます。………………………………………情報を与える　(2)
> 　日本人は，自分の国のことだけでなくアジアにも目を向けるべきだとおもいます。……………………………………………説得　(3)
> 　お集まりの皆さん，どうか募金活動にご協力ください。
> ………………………………………………………………行動を促す　(4)

〈スピーチの種類〉

1．Prepared Speech
　　トピック，与えられた時間，などをあらかじめ知らせて，用意させるスピーチ。暗記してくることを要求することもある。
2．Impromptu Speech
　　即興スピーチ。たとえば，スピーカーが前にでてきて，トピックが書いてある紙がたくさん入った箱の中から1つとり，それにもとづいてスピーチをするもの。紙を開いてから10秒以内に話し始める。生徒は，この説明を聞くととても嫌がりますが，次のように決めると案外安心するものです。
　　①第一目標は，クラスの前に立ち，英語の文を5つ言うこと。内容は問わない。
　　②日本語を介在させず，トピックに関する英語なら何でもかまわない。内容は問わない。
　　③なるべく多くの生徒の目を見る。スピーカーと目があった，という

生徒ひとりにつき1ポイント獲得。
　　④1で説明した prepared speech は当然内容がものをいう。この即興スピーチは即興で英語が口からでてくることが大事。内容は問わない。
3．Extemporaneous Speech
　　1と2の中間に位置し，スピーチのトピックを与えられてから2，3分（長くても10分）程度の準備で，発表させるもの。生徒は原稿を書く時間はなく，簡単なメモ程度を見ながらすることになる。

〈よいスピーチを味わう〉
1．有名なスピーチの例
　・Martin Luther King, Jr. "I Have a Dream."(1963)
　・Abraham Lincoln "Gettysburg Address"(1863)
　・John F. Kennedy "The Inaugural Address"(1961)
2．味わい方
　　①意味を調べる
　　②歴史的背景など状況把握
　　・誰のどういう人々に対するスピーチか
　　・スピーチの目的は何か
　　③Oral Interpretation（具体例　p　参照）
　　・内容を頭に置きながら，発音・イントネーション・間のとり方・声の大きさ・ジェスチャーなどに注意して音読してみる
　　・鏡を見ながら実際に練習する
3．具体的な指導方法
　　中学校の複数の教科書にキング牧師の"I Have a Dream."のスピーチと，バスボイコット運動などの背景を扱った題材があります。それを利用するのが一番手軽です。他の教科書を普段使っている場合には，違う教科書を利用してみるよい機会になります。また，裏表紙にはリンカーンやケネディのスピーチが載せられている教科書もあります。学年によってはかなり難しいけれど，あくまでもスピーチの手本として生徒に

味わわせる価値は充分あります。和訳を与えるなどして，全文の和訳指導といった無駄な労力は省きたいものです。

　韻を踏んだり，同じような表現を繰り返し効果的に用いたり，広く知られたことわざを利用したり，人目をひく表現を用いるなどのテクニックを味わわせることも効果があります。同じ内容でも，工夫をすることにより，さらに深く人を感動させ，心に長く残るようになることを悟らせることになるからです。

〈スピーチの準備〉

1．普段からさまざまなことに興味，問題意識をもっていること。
　テレビ，新聞，本などによく目を通し，アンテナを張っておくことが大切です。「え，そうだったのか」「なるほど，この前もそうだったな」などの積み重ねで自分自身のものの見方も深くなります。

2．テーマが決まったら，資料を集める。
　自分の意見を言うだけでなく，それを裏付ける資料，有名人の言葉，新聞記事などがあると，信憑性・客観性・信頼性などがぐーんとアップします。相手を説得するためには，「私はこう思う」だけでは心もとないテーマもありますから。

```
─── スピーチで用いる表現例：導入 ───
● Ladies and gentlemen, ....
● Honorable judges, ....
● Distinguished guests, ....
● I would like to make a speech about ....
                    talk about ....
● It is my great pleasure to ....
● Have you ever thought about ....
                heard of ....
● Let me begin with ....
● I would like to start with ....
```

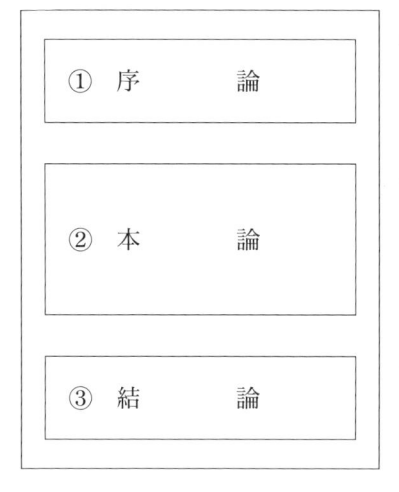

〈構成〉

| ① 序　　　論 |
| ② 本　　　論 |
| ③ 結　　　論 |

①序論
　相手の注意をこちらに向ける
　テーマを述べる

②本論
　テーマについて深く掘り下げる
　テーマを主張する理由，裏づけ，
　資料などを提示し，議論する

③結論
　テーマを簡潔にまとめる
　印象深く，または爽やかに終える

〈スピーチ本番での注意〉
1．聴衆の目をみる
　メモを読み上げている話し手と，自分の目を見ながら話す人のどちらの方が聞く気がおきるか考えてみればすぐわかります。そのためにもスピーチの内容をある程度（できたら全部）暗記しておくことが非常に大事になります。大切な点をまとめたメモなどを，時たま見るのは全くかまいません。これから自分が言おうとしている内容がしっかりと頭にあれば，緊張度も和らぐでしょう。
　日本人の高校生の場合，「なるべく暗記してきなさい」という指示を出すと，今度は天井や床を見ながら，とことがよくありますが，「相手の心に入るのは，相手の目から」というのを徹底しましょう。しかし，2人の会話のときのように誰かの目を直視するというのではなく，部屋の真ん中から後ろのあたりに全体的に焦点を当てれば，さほど緊張することもないでしょう。
　また，初めての授業で自己紹介スピーチをするときなどは，後ろに黒板があったら，

> My name is _____. Please call me _____.
> I come from _____ Junior High School. I have _____
> brother(s) and sister(s). My hobbies are _____. I am a member
> of the _____ club.

などと板書し、それを見ながらスピーチしてもよいことにすると、発表する生徒は自然に eye contact がよくなるように見えます。

2．話す速度に気をつける

　緊張すると話すスピードも上がりがちなので、練習時に意識して速度のことを考える。また強く訴えたい部分や、ゆっくり考えてほしい部分はゆっくりするなど緩急の使い分けも効果的になる。

3．大きい声で

　どんなスピーチでも相手に聞こえないのでは意味がない。また、一本調子でなく、大切なところではちょっと間をおき、心をこめて大きなゆっくりした調子で語りかけると効果的になる。

4．ジェスチャー

　特に必要はなく、自然に添える程度でよい。

5．時間を守る

　時間制限がある場合は、それを守ることも大事な要素。何度も練習しながら時間を計っておく。

6．小道具（補助）の用意

　ゴミ処理のスピーチのとき、実際のゴミ袋をもってきたり、松井選手のスピーチをするとき写真をもってきてみせたり、新聞、雑誌の統計、記事など見せながらスピーチすると次のような効果が期待できます。

　①スピーチの信頼性・信憑性が高まる
　②話し手に安心感を与える（写真のうらにちょっとメモを書いておく手も）
　③聴衆がスピーチを理解する助けとなる

〈スピーチの評価〉

Evaluation Sheet

Date:		
Speaker:		
Title:		
評　価　項　目	評価	コ　メ　ン　ト
Content		
Delivery		
English		
Overall Impression		

評価者名　_____

＊　評価は1，2，3，4（A，B，C，D）の4段階がやりやすい。5段階にした場合，1をつけることはあまり考えられないし，3段階にすると真ん中に集中する。また，ContentやOverall Impressionを10段階にする，などのバリエーションも考えられる。（観点の表は次頁）

―――スピーチで用いる表現例：結論―――
- The point I wanted to make is ....
- In conclusion, ...
- In the end, ...
- .... This is my conclusion.
- My conclusion is that ....
- Let me conclude by saying ....
- I would like to conclude by saying ....

* それぞれの観点

Content	なんといっても内容が最も大切。話し手の言いたいことが聞き手にきちんと伝わったか。目的が達成できたか。構成はどうだったか。
Delivery	スピーチをしているときの視線はどうだったか。顔の表情，ジェスチャーはどうだったか。声の出し方はどうだったか。
English	発音は正確だったか。大きな文法ミスはなかったか。わかりやすい語（句），表現をつかっていたか。fluencyはどうか。
Overall Impression	ひとつひとつの項目では評価は低いが，全体としてみたら好感が持てるスピーチだ，というものもある。また，とても練れているが，嫌みな，偉そうなスピーチもあるかもしれない。生徒に評価させる場合，最初はこの項目だけでもよいかもしれない。

Chapter 11 Motivation
動機づけ

1. 日本の学習者と動機づけ

2. 動機づけ Q & A：学習意欲を失いそうな者に対処するには

3. 動機づけ Q & A：学習意欲を取り戻すには

4. 動機づけ Q & A：学習意欲をさらに高めるには
   Topics for Discussion

5. 生徒の学習傾向のちがい

1. 日本の学習者と動機づけ

　まず，筆者自身のことからお話しします。正直にいって，自分は怠け者だと思います。できれば，勉強はしたくはありません。子どもの時も自分から進んで勉強しようとは思いませんでした。成績が悪いと，親にしかられるとか，成績が良いとなんとなくいいという程度の気持ちで勉強していたのでしょう。英語学習の動機について振り返ってみると，中学校3年生になるまでは，英語と進路を絡めて考えることはなかったように思います。では，どうして英語の教員をしているかと考えてみますと，中学校からの英語の授業はなんとか理解できたし，英語の成績がよかったので，そのため勉強がおもしろくなったからだと思います。高校の時は少し苦労しました。でも，そのころになると，受験のための勉強をやる覚悟ができていたようです。それでなんとか大学に入学できたようです。

　突き詰めて考えてみますと，英語学習の動機についての問題は，勉強がわかるかどうかにかかっているのではないかと思います。そう考えると，中学校1年次の授業が非常に重要になります。現在は残念ながらこの段階で，英語学習に意欲を持っていたかなりのものが「遅れがち」になり，学習意欲を失っている状態といえるでしょう。そうすると，学習者は，①「学習意欲を失いそうな者」，②「学習意欲を取り戻す必要のある者」，③「動機づけをすると学習意欲がさらに高まる者」，④「自分で動機づけができる者」に分けることができると思います。本稿では，Q & A の形で，最後の④を除いた3つの型の学習者に焦点を合わせて，その対処法を議論したいと思います。最後の4番目のタイプの学習者が，われわれの目標になります。外部からの無理強いやなだめすかしではなく，自分で内的動機づけができればしめたものです。自立した学習者に成長したことになりますから。

2. 動機づけ Q & A：学習意欲を失いそうな者に対処するには

Q：中学1年生の時の指導が重要だと思いますが，特に気をつけることは何でしょうか。

A：中学1年生に限ったことではないのですが，学習意欲をもたせる動機づけの最重要キーは，生徒に好かれる先生を演じることです。そのためには，先生が生徒に応対する時に，笑顔であることが一番重要でしょう。生徒は先生から笑顔を向けられると，自分はここの学習の場に受け入れられている，そしてここにいたいという生徒の「所属の欲求」を満たすことになります。筆者は，中学校や高校の英語の授業をよく観察しますが，生徒の声が活発に出ている授業をなさっている先生の共通とも言えるものに「笑顔で，元気が良い」という特長があります。

　次に重要なことは，生徒の名前を覚えることです。ある教科の学習に興味を持つかどうかは，その教科担任に対する親近感が第一です。親近感を抱かせるためには，生徒の名前を覚えることでしょう。名前を覚えると，生徒は先生が自分の存在に敬意を払ってくれていることを実感します。そのことは，「尊厳の欲求」を満たすことになります。逆に，名前をいつまでも覚えてもらえない生徒や名前を間違えられる生徒は，先生にいつまでも親近感を持ち得ないのです。一つ筆者が経験した例を紹介します。以前，筆者は新設大規模校の第1期の教員として勤務しました。当時の校長は，新しく赴任する教員の顔と名前をすぐ覚えることが評判でした。2年目に50人近くの転任してきた教員を最初の職員会議で，校長が間違えることなく一人ずつ紹介しました。あとで聞いたところ，元の勤務校から写真を取り寄せ，毎日練習し，短期間で顔と名前とプロフィールを覚える努力をしたそうです。校長から，名前を覚えてもらった多くの教員は，校長が自分をきちんと認めて敬意を払ってくれていることを理解し，校長に対しても，すぐ親近感と敬意を抱きました。

Q：中学1年生を教えていますが，学力の幅が大きすぎて，焦点の当て方に困っています。アルファベットを覚えない子が多いのです。aとoの区別ができない子，bとdの区別ができない子はどう指導すればいいのですか。

A：中学校1年生の英語学習準備状況は，小学校や塾で英語を学び始めている生徒，まったく英語に馴染んでいなかった生徒，小学校でのローマ字指導をしっかり受けてきた生徒，ローマ字指導をほとんど受けていない生徒，それにもしかしたらの帰国子女も含めると，中学1年を担当される先生のご苦労は大変だと思います。とくに，文字の問題は重要です。中学1年間は，文字を使わないで，音声だけで授業をする方が良いという意見もあります。しかし，検定教科書を使うように指導されている現状では，1年間，文字なしで指導というのは現実的でないでしょう。また，生徒は小学校で漢字を学んできていますから，文字指導を受け入れる基礎は持っています。したがって，生徒には中学1年生の段階で文字指導をきちんとすべきでしょう。いろいろな原因がありますが，文字が定着していないことで，「遅れがち」になっていく学習者は多いのです。

　中学1年次の文字指導にはいくつかの提言がありますが，一番重要なのは，アルファベットの小文字の識別です。アルファベットの小文字は，大文字に比べ日頃あまり目にしませんので，多くの学習者にとって，なじみが薄いものです。したがって，自分で意識して書けるようにならないと，なかなか識別できません。そのためには，ローマ字指導が有効です。ローマ字指導は，発音指導をきちんとしない限り，英語の発音がローマ字読みになってしまうという欠点を持ちますが，ローマ字で日本語を表記する規則を習得しますと，日本語と英語の橋渡しをしてくれます。英語の単語は，penのようにローマ字を知っているとすぐ識別できるもの，fastのようにローマ字を知っていると識別しやすいもの，そして，beautifulのようにすこし識別しにくいものとに分かれますが，ローマ字の規則が分かっている生徒は，これらの単語をなんなく習得します。しかし，ローマ字の

規則を習得していない学習者にとっては，どれも意味のない文字の羅列に見えてしまいます。このことから英単語の習得の差が出てしまいます。現在，小学校では，ローマ字は国語科の領域に入っていて，きちんと指導するかどうかは先生の判断にまかされています。その結果，きちんと指導されてきた生徒とほとんど指導を受けてこない生徒がいます。簡単なテストをしてみて，文の先頭は大文字にする，それ以外はローマ字の小文字，分かち書き，途中はカンマ，終わりはピリオドを正しく使えて，日記を書くなどの自己表現ができることが基準になります。そのレベルの生徒が大半を占めるクラスであれば，できない生徒だけに個別指導すればいいのですが，その基準に達していない生徒がある程度存在すれば，1年生の中間試験まで，授業時間の1部を割いてローマ字指導に当てる方が良いでしょう。教材は，市販のローマ字学習ノートでいいと思います。ローマ字指導で時間を割くので，決められた範囲を終わらせられるか心配される向きもあるのでしょうが，「遅れがち」な生徒が少なくなることは，その後の授業がスムーズになることを意味しますので，3年間のスパンで考えるとずっと効果的と言えます。

　ちょっとした小文字指導にヒントとしては，特にbとdの区別，pとqの区別，aとoの区別が難しいようです。小学校で，dl（デシリットル）は何回も書いて覚えているので，大半の生徒は，dlのdと考えるとdを識別することはできます。「bとdがわからなくなったら，デシリットルのdを思い出しなさい」というのは有効です。のこりの間違えやすいa, o, p, qですが，dlほど有効な手段はありません。そのなかでも，日頃目にする店の名前であるam/pmや商品についているSonyなどを使って識別させると効果的でしょう。

> Q：生徒の英語学習への動機づけにおいて，英語教員の役割について教えてください。

A：数学と同様に，好き嫌いがはっきりしているのが英語です。でも中学1年に関する限りは，まずだれもが意欲的に取り組みます。ところが，2

学期に入り代動詞の'do'が登場する頃からか，少しずつわからなくなる者が出てきて，1年の終りには半数以上の生徒が英語嫌いになっています。とくに，英語で著しいのは，先生の好き嫌いとダブっている点です。その意味において，どれだけ魅力的な先生として生徒の動機をつないでおくことができるか，は教師の一番大きな役割になるでしょう。

　全ての子どもは，元来，尊敬されたい，自己実現したという気持ちから，勉強に対して，肯定的な姿勢で臨みます。特に英語学習に対して，初めて学ぶ子どもは，テレビなどの影響で強い興味や関心が形成されています。しかし，それが強くても，あくまでも外部から影響されてできたもので，自発的に起こったものではありません。したがって，もろく崩れやすいものです。この関心を強くし持続するものにするか，崩してしまうかは，先生の姿勢にかかっていると言ってもいいでしょう。

　つまり，先生は，学習者の心の中に，存在するまたは潜在する動機を，育て上げ，強くしていく役割を持ちます。その意味で，中学1年生を担当される先生には特に大きな責任がかかっていると言えます。

　また，最初から強い指導は禁物です。第二言語習得は，3つの「き」，暗記，根気，年季が重要といわれるように，辛くそして終わりがないと感じるほど大変なものです。だから，早い段階で覚悟を決めさせようときつい試練を生徒に与える先生も多く見られます。しかし，そういう指導ですと，一時的には効果があるかも知れませんが，長期的には大半の学習者を英語学習嫌いにしてことが多いようです。中学校の初期は，英語がわかるという自信をつけること，それと英語をもっと勉強して英語が出来るようになりたいという動機づけが有効でしょう。

　また，英語ができるようになると，いろいろな国の人とコミュニケーションができたり，自分が知らないことがわかり自分の視界が広がって行くことを教えるのです。大概の生徒は好奇心が旺盛です。ALTに訪問して，簡単な英語でコミュニケーションさせましょう。また，最近はかなりいろいろな地区で見かけるようになった英語圏以外の外国人で，英語が話せる人をクラスに招待しましょう。その人の国のことを簡単な英語や写真で紹介してもらいましょう。このようにしてその好奇心に小さな火を灯し

ましょう。英語の魅力を少しずつ教えていきます。生徒がわからない表現がでたら、先生がわかりやすく通訳をしてあげましょう。先生が English user としてのロールモデルの役割を果たすと、とても効果的な動機づけになります。

> Q：中学校で書かせる指導をしたいのですが、なかなか書きたがらないのですが、どういう学習動機づけをすればいいのか教えてください。

A：中学生にライティング指導は、難しいようですが、こまめに手をかけることを惜しまなければ、非常に学習効果が高い指導方法となります。中学1年生にでもできる方法は、先生との英文交換日記です。生徒は、ローマ字または知っている英文で書き、先生は多忙な時には間違いは直さなくても良いのですが、必ずコメントは書きましょう。現在の子どもは、携帯でのメールで頻繁にコミュニケーションをとっていることからわかるように、少し慣れれば、書いてコミュニケーションすることを苦手としません。「できるだけ英語で書く、ダメならローマ字でいい」と逃げ道を作っておけば、生徒の気持ちは楽になります。信頼できる先生に自分のことをきいてもらえたり、コミュニケーションできるとわかるとどんどん英語を書いてきて英語力を上げている生徒がでてきます。そこにはこまめな先生の誠意あるコメントが動機づけとなるのです。

　また、一人一人の指導が大変なら、クラスノートに順番で英語またはローマ字で日記を書かせましょう。順番ですので、次の生徒がコメントを書いていきます。先生は必ず目を通し、コメントが少ないようでしたら、追加するなどして、クラス日記を絶やさないようにします。生徒の観察した者は、他の生徒にとって非常におもしろいトピックが出てくることがありますので、継続しやすい活動となります。

3. 動機づけ Q & A：学習意欲を取り戻すには

> Q：私はどうも「良い先生」ではないようですが，「良い先生」とは，どういう人のことをいうのですか。

A：「良い先生」は，努力すればだれでもなれます。そして，ここでは，「良い先生」になるために，だれでも努力すれば持つことのできる資質について述べることにします。まず，性格が良い先生を生徒たちは好みます。性格は，直らないと思っている方は多いのではないでしょうか。直す必要もありません。生徒の前では，「明るい性格の良い先生であること」を演技して下さい。明るく，元気よく，公平に振る舞いましょう。これだけで，大抵の先生は好かれるし，信頼されます。えこひいきや一部の生徒を不平等に扱うことは，大概の場合ひいきされている側にも反感を持たれることになりかねません。嫌みやねちっこい指導はほとんど効果を持ちません。英語のできる先生と性格の良い先生を比べると，一般的には，英語が出来る先生をおさえて，性格が良い先生に教わりたいという生徒が多いようです。これは，英語は教わることも重要ですが，先生によって励まされたりすることによって，自分で勉強する意欲が生まれてくる，自分なりの勉強方法を確立していくことを表しているのではないかと思います。特に，英語が苦手な生徒は，明るい先生には共感し，あの先生の授業だけは，静かに聞いてやろうという気にさせることが多いようです。ただ，自分なりの英語の学習方法をすでに確立していて，自己実現の欲求が非常に強い生徒の場合は，性格面よりも英語力が高く英語の指導をきちんとやってくれる先生の方を好む傾向があるようです。

> Q：性格だけでいいのですか。他には何が必要ですか。

A：落ちこぼれた生徒は，先生に共感（empathy）を感じると，少し頑張ってみようかという気持ちを起こすことがよくあります。少しの意欲を感じ取って，こまめに指導をしましょう。特に，中学校の生徒の場合は，こ

れが重要でしょう。自分もがんばってみようと思っても，英語の学習意欲は固まっていません。学習意欲はもろく，崩れやすいものです。少し難しい文法や語法にぶつかると簡単に意欲が崩れていってしまいます。こまめに指導されることによって，勉強の方法が明確になり，その結果，難しいものが理解しやすくなり，壁を乗り越えやすくします。そして自分たちのために先生が時間を割いてくれているという気持ちが，この先生の指導について行けば「自分は伸びる」という確信を育てます。そして，あの先生のように英語ができるようになりたいという気持ちを起こすことがよくあります。そうすれば，先生が英語の role model としての役割を果たし，それによって生徒に目標と夢を与え，内発的な動機づけにつながっていきます。

> Q：中学校で教えています。授業中，生徒の英語を読む声が小さいのです。音読や発話の声を大きくするための動機づけは，どうすればいいのですか。

A：生徒の声が小さいのは，先生がうまく発話させる雰囲気を作っていないのと，生徒が自分の発音に自信がない場合とが大半の理由です。一つの例をあげましょう。公立中学校で教えていらっしゃる H 先生は，いつも笑顔で自分から大きな声を出して生徒に発話しやすい雰囲気をつくっていらっしゃいます。そして，生徒が音読しやすいように，教科書の英文に音調の上がり下がりを示す線を書き入れ，本文の下に 26 回分の音読練習チェック欄を書き入れたコピーをページ毎に配っていらっしゃいます。生徒は，授業で何度も練習した後，課外にその用紙を使って各自 26 回練習します。そして，26 回練習が終わると，先生のところに行って，音読を聞いてもらえます。26 回も練習すると，大抵の生徒はほとんど暗記しているそうです。教材準備とほとんど全員が音読を聞いてもらいに来るので，休む暇がないそうですが，授業では，生徒は自信を持って大きい声で音読したり，英語で堂々と発言しています。一般的に遅れがちな生徒の特徴に，声を出して英語を読むことが出来ないというのがあります。必ずしも

すべての遅れがちな生徒に対して当てはまるとは言えませんが，音読をきちんと指導し，生徒が音読をきちんと出来るようになると，遅れがちな生徒も減るでしょう。

　言語の第一義は音声です。英語母語話者は，発音を自ら学ばなくても習得します。我々日本人も日本語の発音は学ばないで身につけました。よく，テレビの前で，ある言葉を何回も繰り返している幼児の姿を見かけることがあります。筆者の娘も初めてチョコレートを食べた後，30分「チョコレート」と繰り返していました。このように言語やその発音を習得するには，繰り返すことが最も有効的です。日本人が英語を覚える時も同様です。生徒が，自分で繰り返す練習をしようと思ったら，音読を繰り返すのが一番有効でしょう。その音読を繰り返しやすくしてあげられるのは，教師の工夫と激励です。マーク・ピーターセンが書いています。「（多くの日本人が英語を）話せない理由は，話せるようになるまで毎日自分で反復練習を続けてやったことがないから」という事実を率直に認める人は少ないようですね（2003:117-118）。

> Q：授業していても，生徒の集中が続かないのですが。

A：生徒の集中が続かないとか，関心がなさそうなふりをしたら，自分の指導法を振り返ってみましょう。生徒の集中時間に気をつけていますか。特に中学生1年生の大半は，テレビを見て育ってきたせいか，15分程度しか集中が続きません。もちろん集中できる時間は，学年によって異なります。生徒が集中する時間を伸ばすためには，わかりやすくそして興味深い副教材やプリントが役に立ちます。こまめな指導と重なるかもしれませんが，そのような指導をして授業を興味深くする先生は生徒に好かれます。

　ここでは，副教材について考えてみます。教室で使われている副教材で，一番気合いが入っているのは，教師が自分で作成する教科通信のたぐいの独自教材でしょう。週刊，いや日刊に近い状態で良く工夫されている先生もいらっしゃいます。朝5時に起きて教科通信を作っていらっしゃる

という先生にもお会いしたことがあります。副教材を適切に与えれば，生徒は，教科書とテープやCDだけでは与えられない興味関心を授業に見せます。いわゆる「食いつきが良い」という感触です。教室で無気力な生徒を教えるより，「先生の授業はおもしろい」とか「ありがとう，先生」と言ってくれる生徒を教える方がずっと教師冥利に尽きます。つまり，*Enjoy Bingo*（浜島書店）のようにだれでも授業の「名人・達人」になることを可能にする副教材もあります。

　副教材をうまく選ぶ「こつ」は何だろうと考えてみましょう。くりかえすようですが，やはり生徒のレベルに合っていてしかも知的に面白いと思わせることでしょう。面白いと思うと生徒は本気になります。勉強に本気になると生徒は伸びます。本来ならば，生徒の学習意欲や関心は一人ひとり違うので，生徒分の副教材があっても当然かもしれません。副教材の話ではないですが，国語教育でいまも語り継がれる大村はま先生は，戦後直後の教科書もないすさんだ時代に，勉強の意欲もない生徒たちに，新聞を切り抜いて，一人ひとり違う記事に，学習の手引きを書いて渡し，それを教材にされていたそうです。そして，その時の様子を次のように書いていらっしゃいます。「そうしたら，どうでしょう。仕事をもらった者から，食いつくように勉強をし始めたのです。私はほんとうに驚いてしまいました。(中略) 子どもというものは「与えられた仕事が自分に合っていて，それがわかれば，こんな姿になるんだ」ということがわかりました」（大村はま他 2003:133）。副教材を与える意味は，大村先生がおっしゃるように，生徒に「やってもいいな」と思わせることだと思います。だからといって，忙しい現在，生徒一人ひとりに特製の教材を渡すような作業に時間をかけることは出来ません。しかし，大村先生の時代と異なり，豊富な教材が安価で入手できる時代でもあります。多くの生徒は同年代に所属し，現代日本文化を共有しているので，多くの生徒の心をわくわくさせる教材を見つけるのは，さほど難しいことではないでしょう。

Q：生徒が，英語学習に意欲を失っています。どうすればいいのですか。

A：どんな生徒でも「英語ができるようになりたい」という気持ちを心の片隅で持っています。しかし，現実は学年が進むに連れて，学習意欲を失っていく生徒が多いようです。そのような生徒のパターンはいろいろあるので，一概に言えませんが，どんなに英語が苦手な生徒でも，学年の始めには，少しは「真面目にやりなおそうかな」と思います。それを利用すると，学習意欲を高めることができます。中学校では毎学年の始めにできます。高校では，学年が進むにつれて，その気持ちが薄らいできます。だから，高校では，入学時がかなり大きなチャンスです。その時に大きく気持ちを奮い立たせることで，かなりの生徒を「もう一回頑張ってみようかな」という気持ちにさせることができます。できない学習者を頑張らせることで有名なある先生は，生徒に向かって「君たちは，今まで自分に合わない指導を受けてきた。これから，オレが君たちにあった指導をするから安心しろ」と心を奮い立たせるようにされるそうです。その後，その先生は，こまめな指導をされて気持ちを引きつけていって，学習意欲を高めていらっしゃるそうです。学年の始めや学期の始めで生徒の気持ちが高まっている時に，心を揺さぶり，こまめな指導をされることが，有効だと思います。

Q：英語が苦手な生徒に，「何のために英語を勉強するの」と聞かれて困っています。どう答えればいいのですか。

A：そのように聞かれた場合，先生の授業が，生徒にとって，わかりやすく生徒の力を伸ばすように工夫されているものかどうか見直してみましょう。そういう状態になっていないと，次の答えが空虚にしか響かないからです。そのように聞かれた場合，筆者は次のように答えることにしています。「英語ができるようになることの一番重要なことは，日本語と違う言語を苦労して学び，自分と立場が違う相手のことを分ろうとする姿勢を持つことです。そういう気持ちを世界中の人が持つことが，世界を平和に住みやすいものにしていくことになるのです。そして，そのような努力をすることが，あなたの視野を広げ人間的に大きく成長させるのです。だか

ら，学校では必修科目であり，多くの大学が入試科目として指定しているのです。実際に，外国の人と英語で心を通じ合わせることができると楽しいですよ」。

4. 動機づけQ＆A：学習意欲をさらに高めるには

> Q：英語の学習動機はどのようにとらえることができるのか，教えて下さい。

A：英語の学習動機は，「道具的動機づけ」(instrumental motivation) と「統合的動機づけ」(integrative motivation) の2種類に分類されます。英語教育における「道具的動機づけ」とは，英語を学習することによって，英語を道具として使い試験の合格や社会的成功を達成したいと思う心理的欲求のことです。それに対して，英語教育における「統合的動機づけ」は，英語を学ぶことによって，学習者が英語を話すコミュニティーにとけ込み，その一員として受け入れられること願う心理的欲求です。中学生や高校生の場合，英語のコミュニティーに入るというようなことはなかなか実感できないかもしれません。しかし，英語の勉強そのものが好きだとか，英語がもっと出来るようになりたい，使えるようになりたいという意欲も「統合的動機」といえましょう。

　短いスパンでは，道具的動機を持つ学習者の方が言語習得を促進するといえるかも知れません。たとえば，入試のための受験勉強がその典型です。しかし，道具的動機を持つ学習者は，その目的が達成された段階では学習意欲が消滅するので，長いスパンでとらえると統合的動機を持つ学習者の方が伸びるというふうに考えられます。

> Q：英検などの資格試験と動機づけについて知りたいのですが。

A：資格試験の指導をしてくれる先生を生徒は好みます。しかし，自分で英語学習に取り組む基礎がきちんと出来ていない段階で，道具的動機づけ

を行ってもあまり効果はありません。道具的動機づけは、短期間で大きな効果をもたらしますが、その反面、もろいので困難な場面に出会うと、急にしぼんでしまいがちです。統合的動機づけがきちんと出来ていれば、道具的動機づけを下支えします。そのため、息の長い統合的動機づけを長期にわたって効果的に行う必要があります。また、道具的動機づけは、本人の将来と関係するので、自分の意識や進路指導の方が重要だと思われがちですが、統合的動機づけがきちんと行われている場合、英語の授業でも試験対策を有効に行うことで道具的動機づけを効果的に強化することが出来ます。英検などの資格試験取得をあまり意味がないとお考えの先生もいらっしゃいますが、現在、英語の実力を証明するには、ほとんどの場合、外部の資格試験の取得が必要です。英検の指導で効果的なのは、短期間の指導です。英検の筆記試験の勉強は長くても3か月が良いでしょう。英検に限らず、道具的動機づけを目的とした指導は勉強が単調で飽きやすいものです。したがって、よほど勉強の意欲が強い生徒ではない限り、短期間に集中することが有効です。

Q：動機づけと英検の指導をもう少し具体的に教えてください。

A：実際の英検の中学校の指導ですが、中学校3年で、英検3級を取得すると、生徒は英語の試験勉強のコツを覚えると同時に自信をつけます。文法と語彙的には、中学校の文法をだいたい理解したと言えます。このことは、かなり重要なことです。また、英検3級から面接試験がありますので、ほとんどの中学生にとって生まれて初めてと言っていいほど一生懸命口頭試験の練習をします。多くの先生はすでに行っていらっしゃると思いますが、英検3級の面接練習をしてあげましょう。英検の2次試験問題集を1冊買っておけば、口頭試験の過去問題が掲載されています。それで十分に練習できます。また、多くの生徒にその指導をすることは、先生方にとっても、生徒のオーラルコミュニケーション能力を評価する力を確実にあげます。高校では、高1の終わりか高2の春に準2級の取得を目指させましょう。高1や高2の春に、大学入試によって動機づけをしても、大抵

の高校生は長続きしません。しかし，短期的に集中勉強が終了する英検の勉強なら，集中力を持続させられると共に効果的に語彙力と文法力をつけられます。そして，高3の秋に英検2級の勉強をさせると，文法学習のチェックとして，2006年度から始まるセンター試験で導入されるリスニング試験の予行練習として効果的です。このように英検の指導を通して，試験に強くなり，それを将来の道具として考えられる力をつける指導が可能です。また，不幸にして落ちたとしても，人間は，お金を払ったら，そのお金を取り返そうとして勉強をします。「不幸にしても落ちたけど，勉強したことで，勉強しなかった場合より，ずっと力が付いたから，払った以上のものは返ってきている。次また頑張ろう」といって励まします。ほとんどの生徒は，これで勇気づけられ再挑戦します。

Q：高校で教えています。生徒にどんどん読ませたいのですが，どうすればいいでしょうか。

A：やさしい英語で書かれ，しかも面白い読み物をできるだけたくさんそろえて置きましょう。PenguinかOxfordのLevelシリーズは，1冊700円程度で買うことができます。読書というのは，先生方も日本語の本でも読むジャンルが決まっているように，ジャンルの好き嫌いがどうしてもでるものです。1冊や2冊では，ジャンルが限られてしまい，多くの学習者を引きつけることはできません。同じ本を誰もにホームリーダーとして買わせるより，別々の本を学級文庫としてそろえて置いた方が有効です。生徒には，1冊読むごとにポイントを与えると伝えましょう。読んだことを確認する手段としては，リーディング・マラソン・ノートが良いでしょう。書かせる内容は，読んだ本のタイトル，読み始めの日付，読み終わりの日付，そしてコメントを書かせましょう。そして，読んだあと先生にノートを持って報告に行きます。先生は，1つだけ内容に関する質問を英語でします。生徒は英語で答えても日本語で答えても結構です。そのノートと質問に答えられれば，読んだことになり，点数が与えられます。生徒がたまたま特定の質問に答えられないことを想定して，質問は，各本に対し

て5つくらいは用意しておきましょう。そうすれば，生徒が先にやった友達からの情報をもらってごまかそうとすることもしなくなるでしょう。先生が全ての本を読むのは大変ですが，同じ学年の先生と共同で実施すれば，一人の先生の負担は少なくなります。また，この指導は，1年限りではありませんので，その経験は，年を追う毎に蓄積されていきます。

> Q：教師自身が勉強することは，生徒の動機づけと関係しますか。

A：非常に関係します。努力する先生を生徒たちは好みます。昔先輩の先生によく「生徒に勉強しなさい，と言ったって勉強なんかしやしないよ。生徒は，先生や先輩が一生懸命勉強するその姿を見て勉強するんだ。だから，生徒に勉強させたかったら，先生が自ら勉強しなきゃダメだよ」と言われました。生徒は，努力している先生とそうでない先生をはっきり見抜きます。勉強の一番は，英語の学習でしょう。よほどの進学校でない限り教材研究だけでは限界があり，自分の英語力を伸ばすことにはなかなかつながりません。特に，中学校の場合，教材は非常に限られていますから，英語力の向上はほとんど望めないでしょう。忙しくて勉強する時間がないとおっしゃる先生もいらっしゃるでしょうが，1日15分NHKのラジオ講座を聴くだけでも毎日続ければ，立派な勉強になります。また，英字新聞も良いでしょう。元同僚の先生ですが，朝，私が職員駐車場に車を止めると，数台先に彼の車があり，姿が見えたので近寄って「おはよう」と言いましたが，彼は気がつかず何かを読みながらぶつぶつ唱えていました。よく見ると英字新聞で，どうもそれを音読しているようでした。じゃまをしては悪いと思い，私は一人で職員室に行きました。彼が職員室に顔を見せたのは20分後でした。「毎日，やっているの？」と聞くと，「この新聞はやはり話題が日本のことなのでわかりやすいんです」と答えてくれました。彼が新しい表現も交え，流ちょうな英語を話す秘密がよくわかりました。

　それ以外の勉強法としては，心理学を勉強したり，うまく話をする方法を勉強したり，いろいろと自分を向上させるための努力を実行するといい

と思います。筆者の例で恐縮ですが，筆者は，生まれつきあがり症で，どもりがちでしかも早口なので，教員の重要な条件である話し方に難点がありました。なんとか，話し方を改善するために落語を聞き，その口調を真似てみる練習をしました。また，授業では，「語尾をもごもごさせない，ゆっくり話す」という実践を続けました。1年ほど経つと，生徒が「先生の話はわかりやすい」と言ってくれるようになりました。逆に，努力をしないで自分から自分を高めようとする「自分は○○大学を出ている」などという自分の自慢はあまり効果ありません。むしろマイナスに働く場合の方が多いと言えます。生徒から聞かれても出身大学は口にしない方が賢明だと思います。大事なことは，先生方が現在努力している姿を見せることだと思います。

> Q：受験指導を動機づけに利用する時，気をつけることはありますか。

A：欲求の中でも最も高い要求とされる自己実現を促すために，多くの教員は受験を利用して学習させようとします。確かにこの指導はある程度効果的です。しかし，生徒を理解しないで，受験勉強だけを強調する教員は往々にして，生徒から信頼感を勝ち得ません。生徒に信頼される努力をし，生徒とよくコミュニケーションをすることが重要です。受験期の生徒はほとんどが不安で，自分のことを聞いてもらいたがっています。そして，励まされたり，アドバイスをもらいたいのです。特に英語は急に成績が上昇しないので，勉強方法に絶えず不安を抱いています。しかし，自分に対する自信もないことも手伝いなかなか本音を他人に話したがりません。教員が生徒と良くコミュニケーションをとっていない場合，生徒が自分の進路希望を先生に述べた場合，「君の実力では，そんな学校は受からない」という姿勢で，生徒の希望を頭から否定したり，生徒の気持ちを理解せずに，学力だけの現実を見させようとするような姿勢には反発を覚えることもあります。傷つきたくない気持ちもあり，生徒は自分の気持ちを先生にはなかなか話そうとしない傾向があります。現実的には，生徒が先生を味方につけると，進路や学習についてや自己実現をするためにいろい

ろな助言やアシストを得ることが出来ます。生徒の力を伸ばし最大限の自己実現をアシストするのも，教師の大きな役割であるといって良いでしょう。そのためには，信頼を得るための努力を絶えずすることが先生には必要であるといえます。

> *Topics for Discussion*
>
> (1) 意欲のない生徒を受け持った時の対処のしかたについて意見交換し，うまくそれを克服した例を紹介してください。
>
> (2) 自分がこれまでやったことで，生徒の統合的動機づけ，道具的動機づけに効果的だった例，効果的でなかった例，そして今後実施しよう思うことについて，教員同士でディスカッションしてみましょう。

5. 生徒の学習傾向のちがい

　生徒は，性格が違うように，学習をする時に文系とか理系のようになんらかの傾向を示すものです。それを正しく理解していると，動機づけにも大いに役に立ちます。生徒は，学習が進んでいくと知的能力を高めていきます。そのとき，しだいに文系思考が得意であるとか，理系思考が得意であるというように一貫したスタイルを確立していきます。そしてこれらは，場依存型認知スタイルと場独立型認知スタイルの対比で表されます。場独立型の個人は，情報を処理する過程で自分の内部に規則やストラテジーを持ち，心理的な再構成能力を備えています。そのため，思考過程で得られた規則を新たな問題解決に際して利用できるといわれています。したがって，規則を使って学習するのが得意です。これに対して，場依存型の個人は認知行動において，全体を捉えるとき，全体を部分の集合として分析するのではなく，部分を全体の一部として分離しない形で捉える傾向を持ちます。そのため，ある思考過程が別の問題を解決する際に応用できません。したがって，規則より丸暗記が得意です。身近な例で説明します。

子どものころ，先生方も，一つの絵の中に，隠し絵で動物などが隠れているものを見て，その隠れている動物を見つけることを経験されたことがありませんか。一つの場の中で規則を見つけ，他のものを発見するのがうまい学習者を，場独立型スタイルの傾向が強いといいます。それに対して，場依存型スタイルを持つ学習者は，全体を部分の集合として分析しないので，どちらかというと隠し絵探しが得意ではありません。このタイプの生徒は，文法を使って学習するのは得意ではありません。ただ，場独立型の生徒より場依存型の生徒の方が社交的で，対人関係が得意であるといわれています。また，場独立型と場依存型は，決して二者択一のものではなく，ある一つの連続体の両極で，生徒は場依存/独立型のどちらかの傾向を持つのです。そして，子どもは，大人に比べて，場依存の傾向が強く，年齢が高くなるに連れ，徐々に場独立の傾向を示していきます。

　英語学習では，場独立型/依存型スタイルの学習特徴を以下のようにまとめることができます。教室環境においては，学習者が言語の規則を利用する力をもっていなければならないので，場独立型スタイルの学習者が優位でしょう。しかし，自然環境においては，場依存性を持つ者が頻繁に母語話者とコンタクトをとるので，自然にインプットを受入れることにつながります。つまり，筆記形式試験での高得点は場独立型スタイルの学習者の関連を示すことが多いのですが，コミュニケーションを重視する授業では場依存型の学習者が優位になりやすいといえます。そのため，英語学習を規則を中心とした文法指導だけでなく，コミュニケーション活動にも配慮することは，場独立型と場依存型の両方の学習者に配慮した指導となるのです。

参考文献
マーク・ピーターセン（2003）『英語の壁』文春文庫
大村はま（他）（2003）『教えることの復権』ちくま新書
『レッツエンジョイビンゴ』浜島書店

Chapter 12 *Evaluation* 評価

1. 能力を測定することについて
2. テストについて
    - (1) テストの種類
    - (2) テストの抱える問題
    - (3) 高校のテスト問題例
3. すぐれたテストの要件
    - (1) 妥当性
    - (2) 信頼性
    - (3) 実用性
    - (4) 識別性
    - *Topics for Discussion*
4. コミュニケーション能力の評価
    - (1) ペアワークでのテスト
    - (2) 絵を使ったテスト
    - (3) 授業内での評価
5. 絶対評価
    - (1) 目標
    - (2) 2つの「きじゅん」
    - (3) 中学校と高校での生徒指導要録が求める評価内容
6. 観点別評価
7. 習熟度別クラスの評価
    - *Topics for Discussion*

1. 能力を測定することについて

　まず,私たちの身近に見えるものを測定する場合を例に挙げて説明します。たとえば,ペットの犬の「大きさ」を測ろうとします。対象とする2つの犬の体の大きさは目に見えますから,この犬の方が大きいとかあの犬の方が大きいと言えます。しかし,このことを科学的に測定しようとすると結構大変です。犬の「体の長さ」であれば直接測定可能です。犬の「重さ」も同じように測定可能ですが,「体の大きさ」は,直接測ることができません。したがって,状況によっては,それを「長さ」の値を使う場合もありえますし,別な状況では「重さ」の値を使うでしょう。「長さ」と「重さ」の組み合わせで「体の大きさ」を定義する場合もあるでしょう。時間があれば,お風呂の水槽に体を入れて水の量で測定する方法もあります。どの場合でも「体の大きさ」という概念に,適切な尺度を当てているのです。それは,「体の大きさ」という概念を測定する物差しがいくつかあり得るということです。このような概念を測るときには,一つの物差しより,いくつかの物差しを組み合わせた値の方がより適切な値を表せるといえるでしょう。

　これを英語力の測定にあてはめて考えてみます。「英語力」全体を語るのは広すぎるので,聴解力を取り上げてみます。聴解力というものは,それが存在することはわかりますが,それを直接示すことはできません。このような概念はそのままでは測定できませんから,何らかの物差しを作る必要があります。これを尺度と呼びます。「英語の聴解力」という統合的な技能は存在しますが,体の大きさとは違ってそれ自体は見えませんので,さらに測定が難しいのです。したがって,英語の聴解力は一つのテストで測るよりも,いくつかのテストの値を使って測る方がより適切な「英語の聴解力」という統合的技能を測ることになります。「では,テストをいくつ作れば適切に測定できるのか」という問題には明確な答えは出ません。一つの簡便な例として,実用英語検定試験のリスニング問題の構成が参考になると思います。ここで,英検準2級のリスニング問題の構成を紹介しましょう。

第 1 部　10 問　対話を聞き，その最後の文に対して適切な応答を選択
第 2 部　10 問　対話を聞き，その質問に対して適切な文を選択
第 3 部　10 問　50 語程度の英文を聞き，その質問に対して適切な文を選択

英検準 2 級では聴解力を 25 分かけて，これらの物差しで測定しようとしています。

2．テストについて

(1) テストの種類

　テストや評価にはいろいろな方法があります。英語教師が使うテストの種類は，到達度テストと熟達度テストに分類されます。その違いを理解することが評価全体についての理解を促進しますので，まずこの違いについて述べます。

① 熟達度テスト（proficiency test）

　総合的言語能力を測定するもので，受験者がこれまで学習してきた結果どの程度の学力を持っているかを測定するテストです。試験範囲がない実力試験，入学試験，その模擬試験，TOEFL，TOEIC などが入ります。実用英語検定試験も入れることができるでしょう。

② 到達度テスト（achievement test）

　学習した内容がどのくらい理解できているかを測定されるためのテストです。したがって，到達度テストの得点分布は正規分布を描く必要はありません。試験範囲が決められた定期試験，単語テストなどがこれにあたります。到達度テストでは，教師の最大の関心は学習された事項の習得の測定です。

(2) テストの抱える問題

　英語テストは，4 つの判定に関連します。つまり，テストの目的として，実力の判定，クラスの決定，学習者の到達度の判定，それと学力診断（どこが理解できていて，どこが理解できていないか）という 4 つの異な

った判定基準があります。

① 一部のレベルの高い高校を除いて大半の高校の定期考査は，学習した教材の中から問題が出題される到達度テストです。一度学習した教材で試験をする場合，試験問題の形式が波及効果となって，生徒の学習スタイルに影響します。よく行われている和訳が中心の試験では，生徒の関心は英語を読んだり書いたりするより，和訳を覚えることに行きがちです。実際のテストを見ますと，時折，英語のテストというより日本語の暗記力を試すようなテストにお目にかかったりします。出題形式をバラエティに富ませれば富ませるほど，生徒の4技能が幅広く訓練されることにつながるでしょう。

② クラスまたは学校内相対評価の問題点

多くの中学校では，学期末テストなどで判定したスコアをもとに，5と1が7％，4と2が14％，残りが3と機械的に振り分けて，相対評価をしていました。その結果，所属する母集団のレベルが他の母集団より高い場合は，同じ点数でも低い評定しか得られないことが問題でした。それに対して新しく絶対評価が導入されて，中学校ではそのような矛盾が無くなったのですが，今度は5の評定を多く出す先生や学校とそうでない先生や学校の問題が出てきました。中学校で絶対評価については，まだきちんと定まっていないところが多いと思います。中学校での評価の仕方については，(p.258)で一つの例を紹介します。

(3) 高校のテスト問題例

ここでは，英語ⅠのEXCEED 1（三省堂）の3課と4課を使っての到達度テストの問題の例を提示します。

全体の構成ですが，現在の高校の総合英語の教科書を中心とした教室での指導を考えると，生徒の英語力を測るコンポーネントとして，以下のような枠組が考えられます。

　単語の問題　10点　（各課5点満点ずつ）
　文法の問題　20点　（各課10点満点ずつ）
　作文の問題　20点　（各課10点満点ずつ）

読解の問題　　20点　（各課10点満点ずつ）
　　聴解の問題　　20点　（各課10点満点ずつ）
　　音読テスト　　10点　（各課5点満点ずつ）
　　　計　　　　100点

　文法問題や英作文問題は，すでにいろいろな形が提示されているので，比較的単調になりがちな語彙問題と内容理解，そしておろそかにされがちな音読について考えてみます。

① 語彙についての出題：その課の新出単語の問題は，必ず出しましょう。色々な形式が考えられますが，ここでは2つ紹介します。1つ【A】は，語の意味を英英辞典の定義とマッチさせる形式です。これは比較的簡単で，しかも，定期試験ごとに必ず出題すれば，英語で考える練習になります。次に紹介する形式【B】は，よく使われる形です。特に，英英辞典の意味のマッチでは難しい単語に使うと良いでしょう。単語を代入して，文を完成させる問題です。この問題で注意する点は，教科書や授業で扱わなかった文で出題することです。

【A】　次の単語の意味を表している語句を下のa.-e.の中から選びなさい。
audience (　　), stage (　　), perfect (　　), quit (　　), emotion (　　),
a.　having everything that is necessary
b.　a raised area, where actors, dancers, singers, etc. perform
c.　the group of people who have gathered to watch or listen to something
d.　to stop doing something
e.　a strong feeling such as love, fear, or anger

【B】　下の各文が意味を持つように，下の語群の中から単語を選びなさい。
You'll have (　　) after reading many good books.
I want to (　　) English someday.

> The two groups have always been powerful (　　).
> I'm very (　　) to hear that a friend's father died in the traffic accident.
> It was very (　　) to see a famous musician playing in our school.
>
> a．thrilling, b．surprised, c．indivisualities, d．master, e．rivals, f．ingenuity,

② 内容理解：内容理解で，よくある出題は，Q＆Aや下線部和訳ですが，これだけですと，出題パターンが限られてしまいます。また，和訳は構文を理解しているかどうかをチェックするのに有効ですが，本文そのものの和訳の出題が主ですと，生徒の英語の勉強が和訳暗記中心になりますので，和訳を出題する場合は，かならず，応用で出すのが良いでしょう。Q＆Aは，和文英訳ほど厳密でなくても構いません。英語のQ＆Aを覚えることは学習量を増やすことと考えても良いでしょう。ですので，40％～50％ほどは，授業で扱ったものまたは教科書にのっているQ＆Aを出題してもいいと思います。ここのモデル出題では，内容理解問題として，時系列的な並べ替え【C】，Q＆A【D】，そして指示語の意味を答えさせる【E】を紹介します。

> 【C】　次のa-fを筋が通るように，並べ替えなさい。
> a． The Yoshida Brothers started to play shamisen on the stage.
> b． Some one said, "Your sound is perfect."
> c． A lot of young and old went to a concert hall.
> d． The Yoshida Brothers danced to their music.
> e． The audience was surprised.
> f． One of the brothers answered, "We never think our sound is perfect."
>
> 　　　　（　）→（　）→（　）→（　）→（　）→（　）
>
> 　　　　　　　　　　　　　　　　(Part 1 of Lesson 3 in *EXCEED*)

【D】 次の文を読んで，質問に英語で答えなさい。

Yoshida Ryoichiro was born in 1977, and his brother Ken'ichi in 1979. Ryouichiro began to play the shamisen when he was five years old. His father said, "Do you want to practice the shamisen ?" "Sure !" Ryoichiro answered. Like his brother, Ken'ichi started the shamisen when he was five.

At the ages of 12 and 10, the Yoshidas began to practice the shamisen under a shamisen teacher. It was hard for them to practice the shamisen for a few hours every day. "I even tried to quit," said Ryoichiro. But, when Ryoichiro and Ken'ichi took part in the All Japan Tsugaru-jamisen Contest, they realized that they liked the shamisen. It was fun for them to be one with the audience.

a) When did the Yoshida Brothers start the shamisen ?
b) Who was their first shamisen teacher ?
c) Why did Ryoichiro say "I even tried to quit" ?
d) What was fun for the brothers in the Tsugaru-jamisen Contest ?

(Part 2 of Lesson 3 in *EXCEED*)

【E】 次の文 (Part 1 in Lesson 4 of Exceed) を読んで，下線部の英単語が表すものを本文の単語を使って答えなさい。

Do you know the name of the highest mountain in the world ? Of course, you ₁do. It is Mt Everest, a mountain in the Himalayas. ₂It is between Tibet and Nepal. Many people in the world have called the mountain Mt Everest for many years. But people in Tibet and Nepal have not called it by that name. ₃They have their own names for the mountain. The Tibetans call ₄it 'Chomolunma' while the Nepalese call it '₅Sagamatha.' 'Chomolunma' means 'the Mother Goddess of the World', and 'Sagamatha' means 'the Head in the Great Blue Sky.'

1) do＝（　　　　　　　　　　　　　　　） 5 words 以上で
2) It＝（　　　　　　　　　　　　　　　） 1 word 以上で

3）They＝（　　　　　　　　　　　　　）3 words 以上で
4）It＝（　　　　　　　　　　　　　　）4 words 以上で
5）Sagamatha＝（　　　　　　　　　　）5 words 以上で

③ 音読：教科書の音読は必ず一人ずつ聴いて評価しましょう。生徒の中には音読は煩わしいので，なかなかしたがらない者もいます。評価の対象にならない授業でのコーラス・リーディングでは，テープや他の人の声に合わせているだけの読みしかしていない生徒も多く見かけます。読むための技術であるセンス・グループ読みを教え，授業で繰り返し練習し，自分でも練習できるような工夫をした上で，音読を評価に入れると，生徒は意識して音読するようになります。

下の例のようにセンス・グループでスラッシュを入れたものを配るか，黒板に書いて生徒の教科書に書かせましょう。音読で自信ができた生徒が多くいるクラスは，コーラス・リーディングの時も自然と大きな声で読みます。生徒の英語力が向上することも確かです。面倒ですが，あとが教えやすくなりますので，最初から読ませて評価するようにしましょう。

次に，評価のし方についてですが，ここの課の発音の目標は，[ai]，[i]，[s]，[k] とリエゾン，あと，文の上がり下がりです。母音そのものの評価は難しいので，それよりも子音連結で母音が挿入されていないことを評価の対象にしましょう。下の文で見ると，音素はstyleの [s] が1つのポイントです。それとリエゾンは in a very... と have a dream がポイントです。また，文の上がり下がりは，だいたいの部分をチェックします。そしてセンスグループで切って読めるかを評価の対象にします。そして，生徒が習得すべき点を意識して練習できるように，その評価の対象にするところを事前に発表しておくのが良いでしょう。また，センス・グループでスラッシュを入れた英文に，20回程度の読みの練習チェック欄をつけたプリントを作って配ると良いでしょう。

The brothers often have concerts/with other ethnic musicians.//This does not mean/that they are/against traditional tsugaru-jamisen style.//They practiced thetsugaru-jamisen/in a very traditional way.// After they learned/the basis of traditional tsugaru-jamisen/with their teacher,/their individualities were born.//

The Yoshida Brothers have a dream/to introduce the tsugaru-jamisen/to the world.//Their shamisen concerts will be held/in many places outside Japan/in the near future.//Something truly Japanese/can be something 'international'.//This will be proved/by the brothers soon.//

(Part 4 of Lesson 3 in EXCEED)

音読評価票

	1点	0点
音素　[s]	☐　母音がなかった	☐　母音が入った
リエゾン	☐　できていた	☐　できていなかった
上がり下がり	☐　だいたいできていた	☐　よく間違えた
センス・グループ読み	☐　だいたいできていた	☐　よく間違えた
読みの練習	☐　よく練習した	☐　成果が見られない

3. すぐれたテストの要件

(1) 妥当性

　「妥当性」とは，テストが的はずれでないことを指します。したがって，妥当性のあるテストというのは，そのテストが測定しようとする受験者の特性に関して，テストがその受験者の能力を忠実に反映しているテストのことです。たとえば，受験者の発音をテストするのに，発音記号を書いた筆記試験で解答させるテストは，必ずしも生徒の実際の発音が正しく測定できないので，妥当性は低くなってしまいます。

(2) 信頼性

　信頼性はテストの物差しとしての安定度を意味します。したがって，同じ受験者が同じテストを同じ条件で何度受験しても，そしていつ誰が採点しても，同じ結果が出るテストは信頼性が高いといえます。一般には，記号や○×で答えさせるテストは，採点者が誰であっても結果は同じですので，採点者間の信頼性が高いといえます。しかし，面接試験は，同一採点者が採点した場合でも，最初の人と終わりの方の人では採点基準が異なってしまう場合がありますので，信頼性が低くなります。そのような場合，ビデオなどに録画し，見直すことができるように工夫すると，採点結果のぶれを少なくでき，信頼性が高まります。または，2人で採点して，その平均をとるという方法も信頼性を高めます。

(3) 実用性

　実用性はテストのやりやすさを意味します。したがって，テストが，作成，実施，採点する際に容易であると実用性が高いといいます。つまり，選択式で行う筆記試験は実用性が高いのですが，自由英作文は採点が大変です。したがって，実用性が低いことになります。また，スピーキング力を測るには直接面接して話させるのがいいからといっても，その時間や労力を考えると実用性は低くなってしまいます。

(4) 識別性

　識別性はテストが受験者の能力の差を明らかにする指標です。つまり，到達度のテストをした結果，すべての学習者が満点または満点に近い点を取ってしまいますと，受験者を一直線上に並べることが困難になります。そのようなテストは，受験者を識別できません。したがって，識別性が低いということになります。各テスト項目について述べますと，成績の良い学習者が正解し，成績の低い学習者が不正解となるようなテスト項目が識別性を持つといえます。

　では，それを具体的に説明しましょう。テストの識別性は，テスト項目難易度とテスト項目弁別力で表します。テスト項目難易度分析ですが，そ

のテスト項目がどの程度難しかったのかを表します。従って，あるテスト項目の難易度＝（当該項目を正答した受験者数÷受験者数）で表せます。50人のクラスで30人が正答なら難易度は0.6になります。テスト項目弁別力は，そのテスト項目が成績の良い学習者と成績の悪い学習者をどのくらい識別できるかを表します。ある項目のテスト項目の弁別力をだすには，受験者を総合成績別に順番に並べます。上位3分の1を上位群とし，下位3分の1を下位群とします。あるテスト項目の弁別力（上位群の当該項目難易度－下位群の当該項目難易度）で表せます。結果は，+1と-1の間に入ります。手計算ですと大変ですが，表計算ソフトを使うと，簡単に結果を出すことができます。項目弁別力が

0.40以上　　非常にいいテスト項目
0.30-0.39　　まずまずの項目
0.20-0.29　　許容度ぎりぎり
0.19以下　　不完全なテスト項目。

この数値で，実施した作成したテスト項目がよかったかどうか判断できます。このような計算を続けて行くと，次第に，成績上位者と成績下位者をきちんと識別できるテストを作成できるようになるでしょう。

Topics for Discussion

(1) 英検準2級は，以下の物差しで，高校中級程度の英語力を測ろうとしています。また，あなたは普段の定期テストでどのような物差しを使って生徒の英語力を測定しようとしていますか。教員同士で話し合ってみましょう。

（1次試験）　筆記試験
問題1　20題　　文法・語彙問題
問題2　 8題　　対話完成
問題3　 5題　　並べ替え英作文
問題4a　2問　　語を選んで長文完成
問題4b　3問　　語を選んで長文完成

問題5a　3問　　　長文読解（質問の答えとして選択肢を選ぶ）
問題5c　4問　　　長文読解（質問の答えとして選択肢を選ぶ）
　　　　　　　　リスニング試験（上述）
　合否判定：筆記試験とリスニングテストの合計点（満点は75点）で判定。
（2次試験）
「英文＋イラスト」の音読と英語による面接官と1対1の質問応答（約6分間）。日常会話の後，50語程度の文章とイラストの描かれた「問題カード」を20秒間黙読し，音読する。
　合否判定：音読と質問応答などを総合的に判定。

(2) 次の英文のどちらかを利用して，精読用と概要用の内容理解を確認する問題を作ってみましょう。

　(Part 3 of Lesson 3 in *EXCEED*)　Their teacher often gave them difficult skills to learn. They mastered those difficult skills. They also practiced moving their fingers and the *bachi* with emotion. Playing ad lib is the basis of their shamisen music.

　There are many differences between the brothers. Ryouichiro is hardworking and does not mind practicing for a long time. Ken'ichi plays with ingenuity. He plays better on the stage than during practice. When he feels good, his play is very thrilling. These differences between Ryoichiro and Ken'ichi are reflected in their shamisen sounds. Each of the brothers wants to make his own sounds. They say, "We are, and will be, rivals in playing the shamisen."

　(Part 2 of Lesson 4 in *EXCEED*)　Then what does 'Everest' mean? 'Everest' comes from the name of a Briton, George Everest. He was the head of the Survey Department in India from 1830 to 1843. At that time Britain was a great power in the world. In 1852 the Department found that the mountain was the highest in the world.

They named it Mt Everst in honor of George Everest. Thus the name Everest has spread all over the world.

There is another example like this. A huge rock in the central part of Australia is called 'Ayers Rock.' It was named after Henry Ayers. He was a public official from Britain and became the premier of South Australia. Aboriginal people in Australia have called the rock 'Uluru', 'the Great Pebble.' Now, more Australians have started calling the rock 'Uluru'.

4. コミュニケーション能力の評価

　家庭科の試験監督をしていた時,「1.57ショックについて説明し,あなたの意見も書きなさい」という試験問題が目に入りました。それを見て浮かんだのは「O-157のショックについて,どのように評価していくのだろうか」という疑問でした。その後,試験問題はO-157ではなく,「1世帯の子どもの数の平均が1.57人という発表の波紋について述べよ」という問題であることがわかりました。この程度の間違いをおかすのですから,筆者がこの試験問題を採点する資格がないのは明白です。その原因を考えてみると,以下のようになるでしょう。
1．問われている事柄の知識がないこと,
2．学習者が書いてきた答案を測定する尺度を持っていないこと,
3．そのような答案を採点した経験がないこと。
　これをオーラル・コミュニケーション（以下OC）能力を評価する場合に置き換え,それが難しい原因を考えてみると,次のように言えるのではないでしょうか。
1．教員にOC能力がない,
2．教員がOCを評価する尺度を持っていない,
3．教員がOCを評価した経験もないし,そのようなトレーニングを受けたこともない。

この3点は，当てはまれば当てはまるほどOC能力を実践的な技能として評価するのは難しくなるでしょう。ここでは，そのような先生のために，スピーキングの評価方法について紹介します。

(1) ペアワークでのテスト

多くのOCの教科書が，場面別ダイアローグで構成されています。この構成から，教室内の活動として，ペアワークが予想されます。ある先生は，ペアワークを中心とした授業で，生徒のスピーキング能力を養成することに成功しています。そのやり方は，まず，教科書のダイアローグを理解させ，ペアワークで練習させます。次に，教科書で学習した表現が使え，しかも生徒にとって身近な場面を次々と与え，ペアワークをさせていきます。生徒にこの方式は好評で，試験前には，1時間中ペアワークをやっている場合もあるそうです。当然，試験もペアワークで行います。

〈試験例〉

1. 机の中心に20枚のカードを裏側にして置く。

各カードに次のような場面が書いてある。

> At Tokyo Station
> A: a student   B: a foreigner
> B is lost and wants to go back home in Saitama

呼ばれた生徒のペアは試験場に入り，机の上のカードから1枚を選び，すばやく自分たちの役割（A役かB役）を決めます。10秒後，教員の合図で，パフォーマンスを始めます。1分間後，テストの終了の合図で退席します。教員は，ペアが退席したら，パフォーマンスの評価をし，引き続き，次のペアを入れます。

これを実施していらっしゃるA先生は，「パフォーマンスを評価する試験は，限られた時間で多くの被験者を個別に評価しなければならないので，筆記試験で行なわれるように細かい箇所を点数化して評価することは困難である。経験的に考えると，3段階（1：かなり自然さやスムーズさ

がない場合　2：やや自然さやスムーズさがない場合　3：自然に行なわれた場合）程度しか実施できない」と言っていらっしゃいます。そしてその判断の基準は、「自分の教員としての経験でもって総合的に判断する」ということです。

　また、ビデオに撮れば、評価を見直すこともできます。初めて教える学生には前年に撮ったビデオを見せ、「このようなテストをする」と予告しておきます。すると、授業中のスピーキングの練習がより活発になり、結果として生徒もスピーキング力が伸びます。

　ペアワークを自発的に行わせるコツは、学習者が自分から進んでやりたいと思わせるようにすることでしょう。そのためには、授業でのトピックを具体的でおもしろくすることが大切です。「交渉する」という機能を教えるときに、「あなたと友人、あなたが貸したCDに傷がついて返された、賠償を求める」とか「あなたとコンビニの店員、買った雑誌のページが破られていた」というようなテーマが受けました。そして、ペアワークをたくさん行います。授業で行ったすべての場面は、多すぎて暗記できないので、テスト前は授業外に、自発的にペアで練習する生徒がでます。そして、何よりもいいことは、40人クラスでも1校時で評価できることです。

　話すテストは、インタビューテストのように、評価者と個別に向かい合うので、他の3技能のテストと異なり、被験者にかなりのストレスを与えます。ストレスに弱く、実力を発揮できない生徒もいます。スピーキングテストでは、今後このストレスをいかに軽減させるかという研究が必要になってくるでしょう。ここで示したテストは、ペアで試験を受けるので、一人で評価者に向かわなくてすみます。これにより、緊張感がかなり軽減されます。それでも、英語を話すことに慣れていない学習者は、かなり緊張します。授業でペアワークを徹底的に行って、英語を話すことに慣れさせておかないと、テストの最中に立ち往生するものが続出する結果になってしまいます。

(2) 絵を使ったテスト

　スピーキングを評価するテストに評価者が慣れていない場合、自分の判

断に自信がもてないことがあります。そのようなとき評価の信頼性を高くするために，4枚の絵を使ったテストがおすすめです。下の図のように，類似しているが，1か所のみ他と異なる概念を伝える絵を20セット用意します。生徒は，各セットにおいて，任意の絵を選びます，下の例で行ってみると，生徒がDの絵を選んだとすると"The girl is wearing a white vest and she has no ribbon."といえば，Dの絵を説明していることを伝えられます。そして生徒は，自分が何番目の絵を選んだかを解答用紙に書きます。1人だいたい5分でテストは終了します。評価者は生徒の説明を聞いて，その説明がどの絵を説明しているか推測します。それが一致すれば，生徒の得点となります。限られた時間で，多くの絵を適切に説明した生徒が能力があると判定されます。つまり，生徒の意図がどのくらい多く伝わったかによって話す力を測定するものです。このテストは，インタビュー方式でもできますが，LLを使って一斉に吹き込ませると，LLの吹き込みの初心者でも，吹き込みの説明を含めて10分程度でテストが終了します。終了後テープを回収し，生徒の説明を聞きながら採点します。40人の採点が3時間程度で終わるので，実用性も高いといえるでしょう。筆者がそれを採点している時に偶然部屋に入ってきた中学生の娘が，学習者が吹き込んだテープを聞いて，私と同じ絵を選びました。これでもわかるように，評価者間の信頼性も高いし，記号採点なので評価者内の信頼性も高いといえます。

　このテストをうまく行うコツは，異なるコンセプトの絵を多く用意することです。筆者は，学校の内外で，生徒が目にする場面をメモしておきます。それを，別の学年の美術部員に，テスト目的だということを知らせずに頼むようにしています。LLで行うもう一つのメリットは，学習者に緊

張させない点です。

(3) 授業内での評価

　ストレスを与えず評価を行うためには，特別にスピーキングの試験を設定しないで，日常的な授業での活動の観察による評価が適しています。しかし，教室内での評価は意外に難しいのです。筆者自身も，発音や流ちょうさや文法のレベルなどはなかなか即座に判断できません。なぜなら，多くの場合，評価者が評価の尺度を体得していないからです。私がなんとかできたのは，座席表を利用しながら，学習者が適切な解答をした場合に，平等に1ポイントずつを与えていく方法でした。学期の終わりにそのポイントのトータルを計算しました。しかし，その評価だけでは，OC能力と評価するのは不十分なので，ALTとのインタビューテストも実施しました。

　教員が評価の尺度を体得するためには，授業内で評価するためのトレーニングが必要です。教員が学校の同僚と，評価尺度を体得する研修会をもつとよいでしょう。教科会の後で時間的に余裕のある場合，2週に1度20分ほどでできます。OCの授業をビデオに録画したものを，教員同士で観察し，自分たちの生徒を評価するのに適切な評価票を作り，一緒に評価の練習をするとよいでしょう。最初の4回程度は，ビデオの観察によって，評価者間のだいたいの統一を図ります。そのころは，生徒を観察して2か月ぐらいたっているので，実際にクラスで評価を始めてみるとよいでしょう。そして，その評価をビデオとともに持ち寄って，だいたいの統一を図っていけば，自然に評価尺度が体得できるのではないでしょうか。1つの学期が終わった段階で，また，確認のための評価の統一を行うようにします。その間，ビデオを授業中ずっと録画しておくと，最初のうちは緊張していた生徒もビデオに慣れてくるでしょう。

5．絶対評価

　中学校では，平成14年度（高校では，平成15年度）より，絶対評価が

導入されました。その絶対評価について，作成に携わられた松浦さんと評価の研究家の松沢さんのまとめを紹介します。

(1) 目標

文科省は今回初めて絶対評価を「目標に準拠する評価」と規定しました。すると目標が必要になります。それで，中学校の『学習指導要領』から次の3つが目標とされました。

1) 外国語を通じて，言語や文化に対する理解を深める。
2) 聞くことや話すことなどの実践的能力の基礎を養う。
3) 外国語を通じて，積極的にコミュニケーションを図ろうとする態度の育成を図る。

(2) 2つの「きじゅん」

文部科学省は，2つの「きじゅん」を使い分け，規準を「のり準」そして基準を「もと準」と呼んで，異なる定義を与えています。

① 「のり準」は，評価の観点です。評価の切り口とか評価のポイントという言いかたでも紹介されています。たとえば，前に述べた英検準2級の聴解問題にあてはめて考えてみますと，英検では聴解力の判断を，「会話の応答文選択」，「会話の内容一致選択」，「文の内容一致選択」という「規準(のり準)」にしたがって作成しています。

② 「もと準」は，実力のレベル判定です。英検準2級のリスニングテストは30問ですので，をA，B，C，D，Eの5段階に分けるとすると，

　　Aレベル：24問以上正解，
　　Bレベル：18問以上23問正解，
　　Cレベル：12問以上17問正解，
　　Dレベル：7問以上11問正解，
　　Eレベル：6問以下正解，

これが「基準(もと準)」です。

(3) 中学校と高校での生徒指導要録が求める評価内容

中学の現行の学習指導要領が求める学習の記録を松沢（2002）は，次のようにまとめています。以下の枠組は実際に評価をするときに便利です。

領域	観点および評価	段階	評価方法
観点別学習状況	1　コミュニケーションへの関心・意欲・態度 2　表現の能力 3　理解の能力 4　言語や文化についての知識・理解 （必要に応じ5つ目を付け加えてよい）	A　十分満足できると判断されるもの B　おおむね満足できると判断されるもの C　努力を要しますと判断されるもの	目標基準準拠評価（絶対評価・到達度評価）
評定	中学校学習指導要領に示す外国語の目標に照らし合わせて外国語の学習について評価する。	5　十分満足できると判断されるもののうち，特に高い程度のもの 4　十分満足できると判断されるもの 3　おおむね満足できると判断されるもの 2　努力を要しますと判断されるもの 1　一層努力を要しますと判断されるもの	目標基準準拠評価
総合所見及び指導上参考となる諸事項	外国語の学習についての所見。	文章で記入。	個人基準準拠評価（個人内評価）

高校の現行の学習指導要領が求める学習の記録を松沢（2002）は，次のようにまとめています。中学校の記述に比較し，あまりにも簡素です。絶対

評価に関して中・高の教員で温度差がでる原因になっています。

領域	評定内容
評定	高校の学習指導要領に示す外国語の目標に照らし合わせて外国語の学習について5段階で評価する。
指導上に参考となる諸事項	外国語の学習における生徒の特徴を「生徒の優れている点や長所,進歩の状況などを取り上げること」を基本として文章で記述する。

6. 観点別評価

　ある女子生徒を担任して,ずっと総合英語を教えていました。とても真面目な生徒でしたが,評価は3か4でした。当時英語ⅡA(コミュニケーション)を教えている先生から,彼女の評価をいただきました。5でした。そこで興味を持って,ⅡAを担当している先生に尋ねてみました。担当の先生は,「彼女はとても積極的に表現しようとするし,ペアワークでも相手のことをきちんと理解しようとします。だから,5が妥当だと思います」とおっしゃいました。なるほど,コミュニケーションの評価の観点は,英語を読んだり書いたりする以外の観点があるのだなとわかりました。

　そのような考えが,学習指導要領に反映されるようになりました。現行の中学校学習指導要領が掲げている目標は,
　①外国語を通じて,言語文化に対する理解を深める。
　②聞くことや話すことなどの実践的コミュニケーション能力の基礎を養う。
　③外国語を通じて,積極的にコミュニケーションを図ろうとする態度の育成を図る。
ですが,これを,学力で測ることができるように次の4つに言い換えています。
　①　言語や文化に対する知識・理解

②-1 聞くこと（理解力）中心のコミュニケーションを目的とした運用能力

②-2 話すこと（表現力）中心のコミュニケーションを目的とした運用能力

③ コミュニケーションを図ろうとする態度の育成

したがって，中学校で求められている英語学力は，これら4つからなっていると考えられています。

実際の評価ですが，①の「言語や文化に対する知識・理解」は，教科書等で扱う内容についてのペーパーテストで，評価することが可能でしょう。②-1は，リスニングテストを使って評価できます。②-2は，口頭のパフォーマンスと作文を中心としたテストで，評価が可能です。③のコミュニケーションを図ろうとする態度の評価について，実際に評価する場合は，次のような2つの場合を考えてみましょう。

1．1対1で評価する（ペア・ワークまたは，ALTとのインタビューの場合）

評価の観点

友好的に話をしようとしている　　　　　　　　　　2　1　0

ジェスチャーなどを使い何とか意図を伝達しようとする　2　1　0

聞き返しのテクニックを使い，相手を理解しようとする　2　1　0

2．教室で，全体の活動の中で評価する

この場合は，細かく評価をするのは困難なので，積極的に挙手をし，自分の意図を伝えようとする生徒に1点ずつ与えましょう。点数は座席表につけると便利です。

いずれか一つではなく，この2つの方法を組み合わせて評価とすることが適切でしょう。また，実際の中学校で使われている例を引用し，観点別評価を含めた中学校の一つの評価例を紹介します。

中学校の先生の評価の例――　１学期＝教科書３課分の例

評価の観点	内容	満点	観点別 A 80%	B 50%	C 49%	%	評価点	絶対評価 5 90%	4 80%	3 50%	2 20%	1
①意欲・関心・態度	ALTとの会話10 書きまくり20 提出物10×3 workbook 10×3 暗唱14×1	104	83.2以上	52以上	51以下	20	208					
②表現の能力	暗誦14×3 期末22 遠足writing 50	114	91.2以上	57以上	56以下	15	17.1					
③理解の能力	Listening 中間14，期末43，毎回のテスト50	107	85.6以上	53.5以上	53.4以下	15	16.05					
④知識理解	中間86，期末65，スペコン50，復習テスト50	251	200.8以上	125.5以上	125以下	50	125.5					
計						100	179.45	161	143	89.7	39.5	35以下

（ある公立中学校の評価基準表を参考にしました）

絶対評価を日常の活動と定期試験の成績を配分して決定する場合，上の枠組みを使います。上の表に出てくる用語を具体的に説明をします。

１．ALTとの会話テスト：学期に１回，ALTと面接テストをします。
２．書きまくり：教科書の本文をノートに書いて書いて書きまくります。そのノートについて評価します。
３．提出物：毎課の授業でプリントを出します。そのプリントの評価です。
４．Workbook：教科書附属のワークブックの評価です。

5．暗唱：教科書の各課を暗唱させて評価します。
6．遠足ライティング：遠足にいった感想を英文で書かせてそれを評価します。
7．スペコン：学期に1回スペリングコンテストを行っています。

7． 習熟度別クラスの評価

　習熟度別クラスは，塾や予備校で実力に応じた授業をするためには，便利な方式です。なぜなら，予備校や塾は学校と異なり，上級学校に提出する公的な評価をする必要がないのです。したがって，公的評価をしなければならない中学校や高校では習熟度別クラスを実施した場合に困難が生じます。多くの場合，習熟度別クラスの実施は，同じ学年の生徒の能力差を広げる結果になります。当然，クラス間で指導の進度が異なります。その場合，教科書をベースにした試験範囲はとても難しくなります。上位クラスは理解が早くサクサク進みますし，下位クラスは理解が遅くノタリノタリとしか進みません。統一範囲で統一試験を実施すると，たいていの場合，下位クラスが犠牲になります。先生は，生徒の理解を犠牲にして，試験範囲を終えることを優先します。習熟度別クラスの精神に沿って生徒の理解を目標とするとクラス別の試験範囲になります。そうすると，必然的に下位クラスの試験の方が簡単な試験となり，上位クラスの生徒から苦情が来ることは必定です。つまり，習熟度別クラスの実施と公平な評価は，なかなか両立しません。しかし，習熟度別クラスには，大きな長所があることも確かです。中堅の進学校で教えていた時，下位クラスをもたれた先生がやさしくていねいに指導されたので，そのクラスから有名国立大学に現役で合格した生徒が出たこともあります。習熟度別クラスは，指導では，このように非常に大きな成果を出すことがあります。特に，何かの原因で英語だけつまずいている生徒には，本当にありがたいシステムであることも確かです。したがって，本稿では，習熟度クラスを実施した場合に，生徒の不公平感を軽減する方法を紹介します。
1）試験の評価は，クラス別の到達度テストと学年統一の熟達度テストと

平常点評価で行う。
2）3クラスに分けた場合，上位クラスは，4.0が平均となるように，中位クラスは3.5が平均となるように，下位クラスは3.0が平均となるようにつける。
3）成績では，上位クラスが一番割を食う。そのため，上位クラスには実力があり，多くの生徒が「あの先生に習いたい」と思う先生が担当する。すると，生徒は，「あの先生に教えてもらえるのは，自分たちの特権だ」とプライドを持てる。
4）下位クラスには，やさしく，親しみが持てる先生が担当すると良い。このレベルの生徒は，やさしく，親しみが持てる先生に共感します。そのような先生には，自分のわからないところを聞きやすいので，「もう一度，頑張ろう」という気持ちを起こしやすい。

Topics for Discussion

(3) あなたの生徒の「英語を話す力」という統合能力をどのように測定したら良いのか考え，意見を交換してみましょう。

(4) あなたの学年に，教員が加配され，2クラスを3クラスに分割して教えられることになりました。あなたはどのような方法をとりますか。評価方法もあわせて考えてみましょう。そして意見を交換しましょう。

参考文献

赤池秀代（1995）「オーラル・コミュニケーションAの授業と評価について」神保尚武・酒井志延『英語教育』別冊　大修館書店

平田和人・松浦伸和（2002）「絶対評価Q＆A」『STEP英語情報』5，6月号　32-37

松浦伸和（2002a）「絶対評価の導入に向けて：第1回その意義と評価規準」『STEP英語情報』1，2月号　32-37

松浦伸和（2002b）「絶対評価の導入に向けて：第2回「内容のまとまり」ごと

の評価規準」『STEP 英語情報』3，4月号 34-39

松浦伸和（2002 c）「絶対評価の導入に向けて：第3回評価計画の立案」『STEP 英語情報』5，6月号 32-37

松浦伸和（2002 d）「絶対評価の導入に向けて：第4回評価の総括」『STEP 英語情報』7，8月号 24-29

松浦伸和（2003）「絶対評価の誤解を解く：すっきりして，ホッとしますために(2)」『STEP 英語情報』1，2月号 30-33

松沢伸二（2002）『英語教師のための新しい評価法』大修館書店

酒井志延（1996 a）（望月・山田『私の英語授業』大修館書店

酒井志延（1996 b）A Developmental Study of Speaking Tests Based on Sets of Four Pictures I *ARELE*, vol.7, 123-133

望月昭彦・山田登（1996）『私の英語授業』大修館書店

これからの英語教育に向けて

はじめに

　この本のことを最初に思いついたのは，2001年の夏にさかのぼります。英語教育をとりまく激しい変化の中で，私自身，理論と実践のギャップに悩まされていたことが発端となりました。英語教育学研究や第二言語習得研究は進んできたのに，どうも実際の学校での英語教育の成果が上がらないのはどうしてなのでしょうか。理論家は「理論のない実践は同じことの繰り返しでしかない」といい，実践家は「実践のない理論は机上の空論でしかない」と互いを批判します。それではどのようにしたらそのギャップを埋めたらよいのかという問題になると，なかなか解答が出ません。そこで，理論と実践の融合を目ざして，中・高の現場にいらっしゃる赤池先生と一緒にこの本を企画しました。ところが，世の中の変化は予測できません。自分の人生さえそうなのですから。その直後，私は2001年9月から1年間イギリス，ケンブリッジ大学へ海外研修に出かけることになってしまいました。

　最近はメールやインターネットの発達で，1年間ぐらい海外に行っていても「浦島太郎」になることはありません。毎日，会議録がメーリングリストで送られてくるのですから。ところが，帰国して驚いたことに，英語教育を語る人のことばが理解できなくなっていたことです。とりわけ，"Senryaku-koso"という用語は聞き慣れないものでした。それが「戦略構想」だとわかったときには，その前年の「9月11日」以来の世の中の空気とあいまって，何か戦争めいていて非常に違和感を覚えました。

　とにかく，その構想から出てきたのが，英語教師の「授業力」という耳新しい用語でした。ところが，その後この話題を議論していきますと，その基本理念はまさに私が以前から考えていた「総合的な英語の指導」と重なるものだと確信しました。そこで最初の企画をもとに，21世紀の英語教育を，英語を文法とかリスニングに細切れにせず，"English"として総合的に指導する方向に導くことを目ざして，この本を構成することにしました。心強い味方として酒井先生に私た

ちのチームに加わっていただき，2002年の秋に再スタートすることになりました。

　国際化の波の中で，英語教育も「実用」へと重点が移ってきました。しかし，コミュニカティブといってもただ反復練習だけでは，新しい文は作れませんし，内容のあることを表現できるようにはなりません。指導要領の変遷を見ても，従来の訳読法から脱皮する方策として，リスニングやライティングというような技能別の科目が導入された経緯があります。しかし，リスニングだからといって1時間ずっと聞いてばかりでは，退屈になってしまいますし，知らない単語は何度聞いても雑音でしかありません。スピーキングにおいても，表現や内容を高めるためには，読んだり書いたりすることが有効になります。

　英語教育の国際化の第1歩として，少しは音声面にも注意を向けた指導を促すために，「オーラル・コミュニケーション」(OC) というような口頭技能に焦点をあてた科目が設けられました。しかし，21世紀はさらに次のステップとして，それらの技能を効果的にからめあわせて，"English" として総合的に指導することが求められます。読んだものをもとに，ディスカッションするとか，さらには自分の意見を書いて伝えるというような内容中心の活動になります。このように英語指導において，総合的にアプローチすることを本書の基本理念とし，本書はそのために要求される先生方の「授業力」を強化することを目ざすものです。

この本の基本的な理念

　この本は，これまでの日本の英語教育の問題点を理論的に分析し，どのように改善すればいいのかを実践的に示そうとするものです。従来の英語教育に内在する問題点は，次のような二分法に表れています。つまり，「理論v. 実践」および「教養v. 実用」で表される対立です。それぞれの図式の中でふたつの要素は相反するものとしてとらえられてきましたが，本書ではそれらは互いに補完しあうべきものであることを論じ，その可能性を示したいと思います。前者の「理論と実践」については，問題点を理論的に分析しながら具体的な実践への提案をすることにより，また，後者の「教養と実用」については，内容ある（つまり教養）コミュニケーション（読み書きも含めた実用的な技能をとおして）を目ざすことにより可能となりましょう。

　まず，「理論v. 実践」の融合について考えてみましょう。たとえば，最近の第二言語習得研究でインプットの重要性が注目されていますが，ESLとは違っ

て，EFL（外国語としての英語）の環境ではやはりアウトプットの練習がなければ使えるようにはなりません。また，コミュニカティブに傾きすぎた反動としてconsciousness raising（意識化）が叫ばれるようになりましたが，日本の一般の教室で必要なのはその逆のconsciousness loweringではないでしょうか。日本人学習者の場合，文法にとらわれ過ぎることが問題なのですから。このように，理論をそのまま紹介するのではなく，日本の教室の実情にあった議論をすることが大事です。そうした目で眺めると，海外の外国語教育においては母語使用の問題を論じた論文が少ないことに気がつきます。というのも，目標言語そのもので教えるのが世界の常識だからなのです。この点において，英語の時間に英語が使われることがほとんどないという日本の教室は世界的には非常識で，この問題はわれわれ自身が取り組まねば誰も解決してくれません。

　つぎに，「教養v. 実用」も日本的な香りの強い二分法です。この対立は，国際化の中で英語の必要性が増してきたため最近あまり聞かれなくなりましたが，依然として誤解がひそんでいるので注意しなければなりません。つまり，目標となるのは，よく巷でいわれるように，ただ道を尋ねるというような「カンバセーション」ではなく，内容のある「コミュニケーション」であって，そのレベルになると教養的な知識と実用的な技能とが一体化します。「コミュニケーション」はよく誤って用いられますが，ただ単に日常的な会話をさすものでも，口頭だけをさすものでもありません。立っている間のあいさつばかりでなく，座ってからの話の内容が問題になるのです。ビジネスで交渉をしたり，文書を作成したりすることを考えてみればいいでしょう。しかし，内容が中心になるにせよ，それを伝達する手段としての技能がなければ伝わらないことも，また事実です。

　英語の学力を考えるとき，知っていることと使えることのギャップが問題になります。知識として知っているだけではなく，実際に使えることが重要だという認識から，communicative competence（伝達能力）という新しい概念が生まれました。ただ文法的に正確であるばかりでなく，社会的に適切であることが求められます。相手に合わせてていねいさを調節しなければなりませんし，談話の構成にはひとつの流れが必要です。さらに，いつも先生から質問されるのを待っているような受け身的な学習態度ではなく，実際の対人関係においては，積極的に対応することが求められます。そうすると，学習のプロダクトとしての知識量ばかりでなく，ある場面でどのような表現を用いればいいのかとか，今もっている力でどのように対処すればよいのかというようなプロセス的な側面も重大な意味

をもってきます。それゆえ，実践的コミュニケーション能力の基準は，文法的な正確さだけではなく，場面や相手に対して適切で，情報量としても必要十分でなければならないことになります。ていねいさを失すると相手の感情を傷つけてしまいますし，積極的に話さなければ相手にしてもらえません。

　指導要領の改訂をへて，英語の科目として，OCとかライティングというぐあいに言語技能別に扱うことが多くなってきました。これは従来の指導法があまりにも文法訳読中心であったことを是正するために，オーラル面やスキルの面にも注意を向けさせるための方策であると考えられます。しかし，あくまでもこれは英語教育の国際化に向けた第1段階で，リスニングだけをしているという言語活動は不自然で，授業としては退屈なものになってしまいます。国際化の第2段階では，言語技能を分断的に扱うのではなく，総合的にアプローチすることが求められるでしょう。つまり，「総合英語」の理念です。たとえば，語彙や文法の力を駆使しながら，内容を中心に読んで議論するとか，話を聞いて意見をレポートにまとめるというように，言語要素と技能が一体となった言語活動です。指導においても，言語要素の力を下から積み上げていくのと同時に，総合的な活動の中で使うことによって磨いていくのです。

　このように，これからの英語教育で本当に生徒の伝達能力を育成するためには，"English"として総合的に展開することが求められることになります。訳ができたら授業が終るのではなく，理解できたことをスタート地点にしてそこから英語を使う活動が始まるのです。講義調の一斉授業に変わって，生徒たちが生き生きと活動する光景が目に入ってきます。本を読むときしか英語が使われないというような世界の非常識はもはやなくなり，自由に英語が飛び交い，発音のカッコよさよりも話の中身に耳を傾けるようになるでしょう。

4つの原則

　まず，訳読しているだけの英語の授業はおかしい，と現状に疑問を発するところから変革は始まります。かといって，オーラルでピーチクやるばかりでもしっかりした英語力が定着しないことも，われわれは経験してきました。上で述べてきた議論をもとに，この本の基本的な理念をまとめますと，次の4つの原則に集約できましょう。これまでの俗説に含まれた誤解を指摘しながら，21世紀の新しい英語教育への指針を提示したいと思います。

(1)「コミュニケーション」という用語は，「カンバセーション」（英会話）と同義

ではない。コミュニケーションというと、口頭でのスピーキング、リスニング活動ばかりを連想しがちだが、リーディングで素早く効果的に内容を読みとって返事を書くというような形で、コミュニケーションは読み書きにも同じようにあてはまる。英語教育が目ざすのは、立っている間の日常会話ばかりでなく、座ってからの内容のある話が大切になる。

(2) 英語の科目として、「ライティング」とか「オーラル・コミュニケーション」のように、言語技能によって分割的に扱うことが多くなってきたが、これは従来の指導法があまりにも文法訳読中心であったことを是正し、音声面にも注意を向けさせようとするための策である。英語教育の国際化に向けた第1歩としては尊いが、英語力はそんなふうに分割できるものではなく、すべての技能に文法や語彙がかかわってくるし、また実践的な場面では技能は相互にからまって登場するので、授業でも総合的に展開することによって技能間の転移を促す必要がある。

(3) 文法は悪者扱いされてきたが、とくに EFL 学習においては文法は不要であることにはならない。ただ文法規則についての知識にとどまったためになかなか役立たなかったので、もっとコミィニカティブに指導することが求められる。つまり、効果的な説明と豊かなインプットにより、learning（学習）と acquisition（獲得）を融合するのである。また逆に、コミィニカティブだからといってピーチクばかりではインプットの限られた EFL 環境では不十分で、その背後にあるルールが習得できないと、文を解析したり産出する力が育たない。

(4) このように考えていくと、新しく浮かび上がってくる英語の学力は、知識ととらえるのではなく、使えることを重視しなければならない。いわゆる「伝達能力」の概念に結びつく。そのような実践的コミュニケーションにおける基準は、文法的な正確さだけではなく、社会的な適切さ、情報の十分さなども含む。そこでは言語のファンクションやコミュニケーションのプロセスが重視され、積極的な態度や相互理解への努力が大切になる。

　上の4つの原則にもとづき21世紀の英語教育を展望すると、これまでとは大きく異なったものになってくるでしょう。生き生きした英語の活動を通して、生徒の論理的な自己表現力が鍛えられ、異文化理解に向けての国際感覚が育っていくことにつながります。いわゆる幅広い人間教育の一環としての英語教育なのです。

さいごに

　本書は，英語教員の「授業力」を伸ばす研修プログラムにおいて，テキストとして使っていただくか，または参考書として読んでいただくことを念頭に置いています。ですから，扱いやすいように4つの部に分け，2週間のコースでカバーできるよう時間配分なども示しています。しかしあくまでも目安ですから，実際のプログラムにうまくフィットするよう調節してください。「課題（Topics for Discussion）」も設けてありますから，適宜グループ討議などに利用できるでしょう。

●この本に即した「研修プログラム案」●
（期間2週間，各セッション3時間）

		AM	PM
第1週	月	Opening	1章
	火	2章	3章
	水	1～3章まとめ	4章
	木	5章	6章
	金	4～6章まとめ	1週目まとめ
第2週	月	7章	8章
	火	9章	7～9章まとめ
	水	10章	11章
	木	12章	10～12章まとめ
	金	2週目まとめ	Closing

　本書でとくに配慮した点は，特別な先生でなければできない名人芸ではなく，広く使っていただけるような活動をあげました。ここにあげたのは，無数にある例のほんのひとにぎりにしかすぎません。それゆえ，本書の理論と実践をもとにそれぞれの教室に応用し，生徒と自分にあうものを工夫するのは現場の先生の役目になります。それを通して，受験英語をやらないと入試に通らないという俗説

を打ち破り，国際的に通用するような勉強をやっていれば通るのだ，いや，そうでないと最近の入試問題やTOEFLのような国際的なテストには対処できないのだ，という新しい意識が広がってくれば幸いです。本書がきちんと理論にもとづきながら，かつ日本の地に根ざした実践に裏打ちされたものとして広く先生方の指示をえて，21世紀の英語教育へ夢を伝えることができ，それを実現させる礎となれば幸いと考えます。

2004年6月

岡　秀夫

索　引

アウトプット　121, 179
意図的学習　55
異文化理解　147
意味の固まり　73, 99
インタビューテスト　252
イントネーション　49
インプット　82, 179
インプット理論　6
英間英答　92
英文交換日記　223
置き換え練習　87
音素　36
音読　245
学習意欲　218, 228
過剰般化　120
観点別評価　257
機能語　54, 61
共感　224
局所的な誤り　95, 133
偶発的学習　55
語彙選定　52
構造言語学　15
誤答分析　16
5文型　18
小文字指導　221
コンプリヘンション・チェック　110
最小対立　37
識別性　247
辞書指導　55
実用性　247

社会言語学的能力　84
弱化　43
シャドーイング　102, 182
自由英作文　126
習熟度別クラス　260
熟達度テスト　240
受容技能　70, 138
受容語彙　53
情報検索読み　98
心的辞書　54
信頼性　247
スキーマ　100
スラッシュ　245
正確さ　82
生徒指導要録　256
絶対評価　241, 254
接頭辞　59
接尾辞　59
センス・グループ　45, 245
全体的な誤り　95, 133
総合英語　143, 151, 157
統合的動機づけ　251
相対評価　241
速読指導　63
第1文型の指導　21
大意把握読み　98
第5文型の指導　29
第3文型の指導　24
対照分析　15, 34
第2文型の指導　23

第4文型の指導　28
タスク　12, 89
脱落　43
妥当性　246
単音　36
談話能力　84
チャンキング　73
チャンク　45, 99
超文節音素　47
直読直解　101
ディクテーション　75
適切さ　83
伝達能力　6
同化　43
道具的動機づけ　229
統合的技能　239
統合的動機づけ　229
到達度テスト　240
トップダウン　100, 108
内容語　54
内容理解　243
のり準　255
場依存型認知スタイル　234
パターン・プラクティス　121
発表技能　70, 138
発表語彙　54
場独立型認知スタイル　234
プリゼンテーション　198
プレ・リスニング　79
プレ・リーディング　103, 105
プロセス　110
プロソディー　46
プロダクト　110
文強勢　47
文型の指導　18
文型練習　86
ペアワーク　251
方略的能力　85

母語からの干渉　15
ポスト・リスニング　79
ポスト・リーディング　103, 116
ボトムアップ　100, 108
ミニマル・ペアー　39
もと準　255
抑揚　52
4技能を関連させた指導　164
リズム　47
流暢さ　83
連結　43
ローマ字指導　220
和文和訳　125

achievement test　240
appropriateness　83
Basic English　53
coherence　84
cohesion　84
communicative competence　6
communicative grammar　7
comprehensibility　129
contrastive analysis　15, 34
creativity　129
discourse competence　84
empathy　224
error analysis　16
global error　95, 133
incidental learning　56
instrumental motivation　229
integrative motivation　229
intentional learning　56
interference　16
Krashen　6, 72, 82
local error　95, 133
minimal pairs　37
Ogden　53

Palmer　53
pattern practice　86
phoneme　36
productive vocabulary　54
proficiency test　240
receptive vocabulary　54
scanning　98
schema　100

sense group　99
Show & Tell　203
skimming　98
sociolinguistic competence　84
Twaddell　12
vocabulary selection　52
while-リーディング　103

◆著者紹介

岡　秀夫（おか・ひでお）
東京大学大学院総合文化研究科教授。
著書：*Departure Oral Communication I*（共著，大修館書店，2003）『オーラル・コミュニケーション　ハンドブック：授業を変える98のアドバイス』（共著，大修館書店，1999）『外国語教育学大辞典』（監訳，大修館書店，1999）．

赤池秀代（あかいけ・ひでよ）
浦和明の星女子中学・高校教諭。
著書：*Departure Oral Communication I*（共著，大修館書店，2003）『英語授業の実践指導事例集：達人の授業』（ビデオ，ジャパンライム，2001）．

酒井志延（さかい・しえん）
千葉商科大学教授。メディア教育開発センター客員教授。
著書：*Hello There! Oral Communication I*（共著，東京書籍，2003）『カラーワイド英語百科』（共著，大修館書店，2002）『現職英語教員の教員研修の実態と将来像に関する総合的研究』（共著，平成15年度科研費研究）．

〈英語教員研修プログラム対応〉
「英語授業力」強化マニュアル

© Oka Hideo, Akaike Hideyo, Sakai Shien 2004　NDC 375　xii, 273p　21cm

初版第1刷────2004年7月15日
第3刷────2006年9月1日

著　者────岡　秀夫・赤池秀代・酒井志延
発行者────鈴木一行
発行所────株式会社　大修館書店
　　　　　〒101-8466　東京都千代田区神田錦町3-24
　　　　　電話　03-3295-6231 販売部／03-3294-2357 編集部
　　　　　振替　00190-7-40504
　　　　　［出版情報］http://www.taishukan.co.jp

装丁者────杉原瑞枝
印刷所────壯光舎印刷
製本所────司製本

ISBN4-469-24494-5　Printed in Japan

Ⓡ本書の全部または一部を無断で複写複製（コピー）することは，著作権法上での例外を除き禁じられています。

英語教育21世紀叢書　016

中学校英語授業 指導と評価の実際
――確かな学力をはぐくむ

杉本義美［著］

● 四六判・152頁　定価1,265円
（本体1,200円）

指導と評価を一体化
―― 中学の英語授業の実践的ハンドブック

授業の場面や活動について具体的な指導を例示し、一方で、評価活動の具体例を提示していくことが、英語の授業改善、特に指導と評価の一体化のために必要です。それが、生徒の確かな学力をはぐくむことになると思うのです。――――（「はじめに」より）

目次から
- 画一的なあいさつはやめよう
- 英語を使おう（英語で授業を進めよう）
- 教材プリント：語順―自己表現活動中心の課題を与えよう
- コミュニケーション活動：言語使用場面を意識した課題を
- 継続した課題：日常生活に必要な語彙・表現の定着のために
- 指導と評価の一体化：目標に準拠した評価を生かすために
- 定期テストの考え方：Achievement Test の位置づけ

大修館書店　書店にない場合やお急ぎの方は、直接ご注文ください。☎03-3934-5131

英語教師のための「学習ストラテジー」ハンドブック

自律した学習者を育てるために

大学英語教育学会 学習ストラテジー研究会――編著

「学習ストラテジー」とは、学習者が英語を効率的に学ぶための方略であり、また学習者が上手にコミュニケーションをするための方略でもある。本書は実際の授業の中で「学習ストラテジー」をどのように活用して指導していけばいいか、実践例をまじえて提示するハンドブックである。37の具体的なレッスンプランがすぐ授業で使える。

主要目次 ▶ 解説編（学習ストラテジーについて知っておきたいこと／学習ストラテジーを指導すれば、生徒が変わる／授業で学習ストラテジーをどう指導するか／指導した学習ストラテジーをどう評価するか）　レッスンプラン編（レッスンプランの概要／中学用レッスンプラン集／高校用レッスンプラン集）

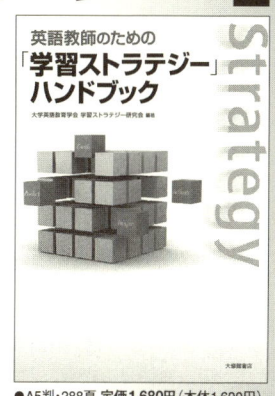

● A5判・288頁　定価1,680円（本体1,600円）

大修館書店　書店にない場合やお急ぎの方は、直接ご注文ください。☎03-3934-5131

定価＝本体＋税5％（2006年8月現在）

動機づけを高める英語指導ストラテジー35

Motivational Strategies in the Language Classroom

ゾルタン・ドルニェイ 著
米山朝二・関 昭典 訳

いかに
生徒の意欲を引き出し、
維持させるか？

「動機づけが今日、教師が直面する最も複雑で最も対応を迫られる課題であることは間違いない。」(Scheidecker and Freeman 1999 : 116)

学習者の動機づけを高め、さらに意欲を維持させる技術は外国語教師にとって必須である。本書では小学校から大学までのどのレベルの教室でも実際に使える技術・工夫を、体系的かつ具体的に手順を追って示す。

●A5判・224頁 定価2,205円(本体2,100円)

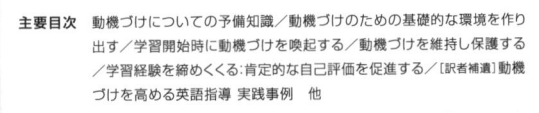

主要目次 動機づけについての予備知識／動機づけのための基礎的な環境を作り出す／学習開始時に動機づけを喚起する／動機づけを維持し保護する／学習経験を締めくくる:肯定的な自己評価を促進する／［訳者補遺］動機づけを高める英語指導 実践事例 他

大修館書店　書店にない場合やお急ぎの方は、直接ご注文ください。☎03-3934-5131

英語習得の「常識」「非常識」
第二言語習得研究からの検証

白畑知彦 編著
若林茂則／須田孝司 著

英語習得の「定説」「俗説」そのウソ・ホント。

「英語は早期教育で決まる」「英語は『右脳』で学習する」「聞くだけで英語はできるようになる」…などなど、外国語学習について多くの「定説」「俗説」が巷に流布しているが、果たしてその根拠は？ あやふやな「説」を何となく信じてしまわないために、第二言語習得研究で明らかにされた客観的データをもとに、そのウソ・ホントを検証する。

主要目次

「母語は模倣によって習得する」のか？／「生まれつき備わっている言語習得能力がある」のか？／「教科書で習った順番で覚えていく」のか？／「繰り返し練習すると語学は身につく」のか？／「言語学習は音声から導入されるべき」か？／「聞くだけで英語はできるようになる」のか？／「多読で英語力は伸びる」のか？／「教師が誤りを直すと効果がある」のか？／「ものおじしない性格の人は第二言語習得に向いている」のか？ 他

●A5判・194頁
定価1,785円(本体1,700円)

大修館書店　書店にない場合やお急ぎの方は、直接ご注文ください。☎03-3934-5131

定価＝本体＋税5％（2006年8月現在）

第二言語習得研究の現在
これからの外国語教育への視点

小池生夫 編集主幹／寺内正典・木下耕児・成田真澄 編集

ことばの研究・教育の今がわかる。

近年の普遍文法・認知言語学・外国語教育学など周辺領域の研究の発達により、ダイナミックな発展を遂げている第二言語習得（SLA）研究の多様な姿を、最新の研究成果を中心にコンパクトにまとめ、これからの研究の方向や外国語教育のありかたを示したガイドブック。ことばとその教育に関心のあるすべての人に最適の入門書。

【主要目次】

UG理論と第二言語研究／認知からみた言語習得／脳と言語習得／社会言語学視点による第二言語習得／バイリンガルの言語習得／教室第二言語習得研究と外国語教育／語彙の習得／リスニング／スピーキング／リーディング／ライティング／早期英語教育と小学校英語教育／第二言語の喪失と維持／メディアの利用と第二言語習得／言語テストと評価／第二言語習得研究の計画と方法／コーパスに基づく第二言語習得研究

●A5判・354頁　定価2,940円（本体2,800円）

大修館書店　　書店にない場合やお急ぎの方は、直接ご注文ください。☎03-3934-5131

第二言語習得研究から見た効果的な英語学習法・指導法

村野井 仁［著］

理論に裏づけされた授業・学習で英語力アップ！

英語運用能力を育てるためにはどのような英語学習および英語指導が効果的であるのか。教室における指導が第二言語習得に与える影響を解明する「教室第二言語習得研究」の成果をもとに、英語学習・英語指導のあり方を見直し、具体的な提案を示す。理論に裏づけされた授業・学習で、英語力は確実に向上する。

●A5判・224頁　定価1,680円（本体1,600円）

【主要目次】
- 第二言語学習のプロセスと内容中心第二言語学習法・指導法
- インプット重視の第二言語学習法・指導法
- インタラクション重視の第二言語学習法・指導法
- アウトプット重視の第二言語学習法・指導法
- フォーカス・オン・フォームによる文法の習得
- 第二言語学習と個人差
- 社会文化要因と第二言語学習
- 第二言語学習の目的
- 第二言語コミュニケーション能力
- 教室SLA研究と英語学習・英語教育

大修館書店　　書店にない場合やお急ぎの方は、直接ご注文ください。☎03-3934-5131

定価＝本体＋税5％（2006年8月現在）

英語教育21世紀叢書

21世紀は英語教育の変革期。多様化する生徒に対応した効果的で魅力ある授業作りを提案します。

各四六判　●定価=本体+税5%

英語力はどのように伸びてゆくか
中学生の英語習得過程を追う

太田洋・金谷憲・小菅敦子・日臺滋之著
240頁　●定価1,995円

「中学二年生の秋」に分岐点がやってくる――生徒の語彙や文法の習得過程、伸びる生徒とつまずく生徒の分岐点などを解明。

英語語彙の指導マニュアル

望月正道・相澤一美・投野由紀夫著
256頁　●定価2,100円

効果的な語彙指導のために――語彙のメカニズムに基づき、具体例を挙げて分かりやすく、効率よい語彙指導を紹介。

英語教師のためのExcel活用法

清川英男・濱岡美郎・鈴木純子著　232頁　●定価1,890円

基本操作から裏ワザまで――テスト結果をどのように利用していますか？　学習効果測定他、効果的な指導のためのヒント満載！

コミュニケーションのための英文法

萩野俊哉 著　クレイグ・ジャクソン 英文校閲
232頁　●定価1,890円

文法とコミュニケーションの調和と融合――活動例と指導手順を提示。コミュニケーション能力を育てつつ文法力をつける。

英語授業改善のための処方箋
マクロに考えミクロに対処する

金谷　憲 著　192頁　●定価1,890円

少しの工夫で大きな効果を！――生徒が英語に接する時間が少ないという問題を解決し、学力を向上させるアイディアを一冊に。

英語教師のための新しい評価法

松沢伸二 著　佐野正之、米山朝二 監修
304頁　●定価2,520円

生徒の学習を支援する評価を目指して――「実践的コミュニケーション能力」の評価について、問題点を整理し、具体的対処を提言。

英語テスト作成の達人マニュアル

靜　哲人著　304頁　●定価2,520円

テスト作成の悩みに答えます――テスト作成の達人が、作成手順を分かりやすく解説。問題点をつき新しいテストスタイルを提言。

日本の英語教育200年

伊村元道著　320頁　●定価2,520円

日本人はいかにして英語を学んできたか？――「英文法」「教科書」「辞書」「学習指導要綱」などジャンル別に英語教育を概観・展望する。

アクション・リサーチのすすめ
新しい英語授業研究

佐野正之 編著　240頁　●定価1,890円

個別対応型授業を可能にする――個々の生徒に対応できる授業研究法を中高の実践例をもとに紹介。

【アイディア集】
「苦手」を「好き」に変える英語授業

瀧口　優著　192頁　●定価1,785円

そのとき生徒はもっと英語が好きになる――英語嫌いの生徒から「英語ができるようになりたい」気持ちを引き出すアイディア集。

日本語を活かした
英語授業のすすめ

吉田研作・柳瀬和明著　208頁　●定価1,785円

限られた時間の中で授業の質を変えるには――限られた時間の中で効果的に英語を学ぶ、日本語を活かした指導法を紹介。

実践的コミュニケーションの指導

高橋正夫 著　240頁　●定価2,100円

授業にすぐ活かせる活動集を多数紹介――実践的コミュニケーション能力を養成する活動を、中・高の言語材料をもとに豊富に紹介。

英語を使った「総合的な学習の時間」
小学校の授業実践

服部孝彦、吉澤寿一 著　208頁　●定価1,890円

小学校での英語活動を成功に導くために――新学習指導要領のもと、英語を使った活動を記録を紹介しながら、具体的に解説。

インターネットを活かした英語教育

杉本　卓、朝尾幸次郎 著　224頁　●定価1,890円

新しい英語授業のカタチ――インターネットが英語授業の本質を変える。英語教育と教育学の立場からその活用法を考える。

英文解読のプロセスと指導

津田塾大学言語文化研究所 読解研究グループ 編
368頁　●定価2,730円

リーディングは創造的な活動――能動的な英文読解のプロセスを明らかにし、指導・評価への示唆をわかりやすく解説。

大修館書店　　　書店にない場合やお急ぎの方は、直接ご注文ください。☎03-3934-5131

定価=本体+税5%（2006年8月現在）